横綱の品格

双葉山定次

ベースボール・マガジン社新書
006

序に寄せて

単純だからこそむずかしい――相撲が教えてくれるもの

第四十八代横綱
大鵬幸喜

同じ言葉でも、受け手のレベルによって意味合いは千差万別

我々の大先輩である双葉山関の名著『相撲求道録』が、このたびベースボール・マガジン社の新書の一冊として復刊されることになったという。まことに喜ばしいことである。

一般社会の流れとあいまって世代の意識が変貌し、大学からこの道を選ぶ人間が増え、外国から体力の優れた力士が続々と参入してきた相撲界は、日本の国技としての誇りをもって人々から一目置かれていた時代と、明らかに様相がちがってきている。親方衆や力士の意識も一般人に近づき、いわゆるスポーツアスリートとして

の感覚が濃厚になっている。むかしから人々のあこがれの対象だった相撲道だが、力士側からその垣根をなし崩しにしかけている印象を否めない。なんのためにこれまで人々が国技館にきてくださったのか、よくわかっていないのではないか。日本伝統の髷を結い、古式床しい土俵で立派に戦う先人たちの姿を、自分たちの人生に投影するような気持ちで、人々は足を運んでいた。

この本は、かつて日本国中のあこがれの的だった大横綱が、自分の人生を淡々と振り返りつつ、体験から学んだ相撲求道の軌跡を誠実に、ずばりと指し示してくれたものである。ページ数は少ないが、実に読むところが多い。わたしは現役時代、仕切りの講義を受けながら、この稀代の英雄から語られる言葉はなんと説得力があり、カッコいいものかと、しびれるような感覚を味わったことを思い出す。

しかしながら、同じことをいっても、どのように受け取るかは、それを受け取る者のレベルによって大きくちがってくる。私が力士に指導するときも同じ。同じ言葉でも相撲というものの何たるかをわかってきた関取衆と、どんな助言も右から左へのレベルの若い者では、受け取り方がちがう。数々の問題で世間から疑問の目を向けられている昨今、大相撲関係者には真摯に相撲界の財産ともいうべき本書を読みなおして（はじめて読む人がほとんどだろうが）意識を新たにしてもらい、ファンの方にはここに書かれている相撲界や力士のあるべき姿を取り戻させるよう応援、ご指導をお願いしたい。さらには相撲ファンならずとも双葉山関の人生から、人として、もつべき品格の何たるかを考える機会にしていただきたい。

そのようなことを思いつつ、いまからは想像もつかない遠い戦前を歩んだ双葉山関の話に、時代を下って戦後、同じように横綱への道を歩んだ私の経験を重ね合わせることで、若い人たちがより本書を理解するお役に立てるのではないか、と考えたのが、今回ささやかな前置きをお引き受けした理由である。

頑張りの原点——生い立ち

さて、双葉山関は大分県宇佐郡（現宇佐市）の海沿いの村の出身。家業の倒産で小さいときから家の手伝いをして働かなければならなかった。その後に二枚腰といわれた驚異の足腰は船に乗ることで鍛えられたという。

わたしは、樺太のサハリンに生まれ、北海道のそれも僻地を転々としながら、女手ひとつで育てられ大きくなった（のちに七つ違いの兄も中学にも行かずに丁稚奉公に出て我々の生活を支えてくれた）。わたしももちろんさまざまな仕事をしながら頑張った。そういうふうに生きていく中で人に勝る基礎体力が備わっていったように思う。母はどんなに生活が苦しくとも、「人をだましちゃいけない」「絶対にずるいことをしちゃダメ」と厳しくいいながら、それこそ寝る間を惜しんで働いた。そしてわたしの父がロシア人であることを死ぬまで隠し通した。

母は、わたしの妻にたった一枚の父の写真を大事に託していた。「わたしが死んだらこれを幸喜に渡してちょうだい。でもそれまでは絶対ダメ」と。その約束を守って、母が亡くなったのち、妻から「実はお母さんから預かったものがあります」といって写真を渡されたとき、わたしは思わず泣いた。わたしが頑張れたのもこのお袋がいたからこそだったんだな、と。

十歳のとき、母上を亡くした双葉山関は、十六歳のときに父上の意を汲んで相撲界入りを決意し、頑張った。根底に家族への大きな愛情があったからこそ、あれだけの人になれたのではあるまいか。僭越だが、冷めた核家族化がいわれ、日本人力士の不振が嘆かれている現在、そんなことが思われてならない。

相撲界は因果な社会!?——上になればなるほど自らを厳しく律する宿命

大分県の小さな漁村で生まれ育った双葉山関が、番付を上げていくのに従い、体も精神面も大横綱に上り詰めていく様子はみごとというしかない。強くなって上になればなるほど自分に課するものが大きくなっていくのがよくわかる。

相撲界はほんとうに因果な社会だと思う。強くなればなるほど自らを厳しく律し、鍛え上げていかねばならない状況に置かれるからだ。これでいいということは決してない。横綱になるために苦労してきた人間が、ようやく横綱を勝ち取った瞬間、引退のことを考えるようになる。横綱は地位にふさわしい成績を収められなくなったら引退するしかないからだ。また体力や技は維持するだけでは落ちていく。精神面も然り。そのためにいつ辞めても悔いのないように努力をしつづけなければならない。これが「地位が人をつくる」を象徴する宿命的な心理である。

シゴキなんていう言葉をわたしは知らない——ほんとうの意味での「可愛がり」とは

さきごろ体力もできあがっていない新弟子が徹底的なシゴキ、イジメにあい、亡くなるという不幸な事件が起こってしまった。そのため我々が伝統的に使ってきた「可愛がる」という前向きの言葉が誤解され、強くなるためには欠かせぬ「ぶつかり稽古」までをも悪者扱いする報道が行われた。この社会に生きてきた人間にとってはなんとも不本意なことである。

我々の若いころには「シゴク」などというおぞましい言葉はなかった。どういうことか、それをご説明しよう。力士の卵たちはみな、オレはどこまで通用するだろうかと夢をもって入門する。しかし、すぐに先輩たちがケタはずれの強さをもっているることを知る。だから、新弟子のうちは自ら進んでやるというよりも、やらされる稽古であることは間違いない。でも強くなりたいから、師匠の教えをよく聞き、素直に従って懸命に取り組むようになる。

コイツはモノになりそうだと思えば、指導はさらに厳しいものに。わたしには師匠の意を受けて十両の滝見山という鬼軍曹がついた。それはそれは厳しく激しい稽古だった。わたしは必死にもちこたえた。苦しかったが、「お前は横綱にならなくちゃいけない人間なんだ」という師匠の言葉を素直に聞けた。滝見山さんに鍛えられている若い日のわたしの姿は壮絶でいじめられているように見えた、とあとになって人からよく聞いた。しかし、当のわたしにそんな意識は微塵もなかった。もちろん恨むことなど考えもつかなかった。ひたすらその胸を目掛けて突っ込んでいった。だってこっちは悪いことは何もしていないのだ。第一、胸を出す滝見山さんの胸はわたしのぶつかりを受けて赤く腫れ上がり、押すたびに足の裏が擦り切れている。

痛くないわけがない、苦しいにちがいない。それでもそんなことはおくびにも出さず胸を出しつづけてくれた。ひたすらわたしを強くするために。そこには限りない信頼関係があった。こういうことが、ほんとうの意味で「可愛がる」ということなのである。

相撲の基本中の基本、シコとテッポウについて

相撲伝統の鍛錬法としてすばらしいものにシコとテッポウがある。そのおおよそはみなさんよくご存じだろうが、やり方によって、効果は天と地ほどちがってくる。つまりほんとうのシコとテッポウに対し、いい加減な、形だけの動作があるということなのである。

わたしは講演の際、相撲の原理を体感してもらうために、参加者に実際にシコをふんでもらうことがある。体重九十キロの人に、片足に体重を掛けさせ、「相撲ではこうやって、ふだんは二本の足で四十五キロずつ支えているのを、一方の足に全体

重を乗せて負荷を掛け、これを屈伸することによって鍛えるのがシコなんですよ」と説明する。単に一方の足に重心を移してから片《かた》っ方《ぽう》の足をぺったんぺったんやるのではない。米大リーグのイチローがよく見せる深い腰割り動作を想像していただきたい。

そこから、徐々に一方に重心を移しつつバランスをとりながら、そのヒザをグーッと伸ばしていく。高く上げる足よりも、下で支える足にこそ意味があるのである。この動作を正確にやろうとすると、鍛え上げた力士でも、左右交互に二十回もふむとクタクタになってしまう。なんの道具もなしに自分の体だけでそのくらいの負荷を掛けることができる運動は、ほかに例を聞いたことがない。これをはじめて実感した人たちは、一様に驚きの声をあげる。

柱に向かって突っ張り動作を繰り返すテッポウもこれと同じ。片手を柱に置いて目標を定め、右手と右足を同時に前に送って柱にぶつけ（足は左右に逃がす）、全体重を乗せたその手を力強く引き離すようにする逆反射運動。慣れるまではタイミングがなかなかとりにくいが、これも腕力が鍛えられ、腰の備えもよくなるすばらしい運動である。

この二つの運動をするだけでも、体は大いに鍛えられ、力士としての体が整えられてくる。稽古時間中、自分の出番がないときに黙々とシコをふみ、テッポウを行っている力士は必ずといっていいほど強くなる。しかしシコ、テッポウは、器具を使って行うウエイトトレーニング（ちなみにこの運動は筋肉を硬くする。相撲競技には向かない。双葉山関だってやってなんかいない）と比べて、おそろしいくらいに単調で苦しい。しかしこれが相撲に最適な柔らかい筋肉をつくってくれるのだ。それをやり抜くためには強烈な意志を必要とする。相撲は根気である。孤独な自分との闘い。毎日同じことの繰り返しだ。正直いって飽きてしまう。だがそれを耐えてこそ明日が開けるのだ。

若いときのわたしは、シコ五百回、テッポウ二千回を日課としていた。最近、横綱審議委員会総見の稽古でも、シコをふむ力士の姿を見掛けないのがほんとうに悔しい。

相撲は体得するもの、頭で覚えるのではない

相撲は相手を土俵の外に出したり、足の裏以外が土についたら勝負が決まる、いわば単純そのものの競技である。だがそれだけにむずかしい。奥が深い。わたしが連勝をつづけていたとき、だれにも負けっこないと思われていたときに、伏兵、それもその場所勝ち星が全然挙がっていない人にコロリと負けることがあった。当時はなんともいえぬ勝負の不思議さに地団太をふんだものである。いまから考えると、やはりどこか心に隙があったにちがいない。では、それを乗り越えるには何をしなければならないか。

以前、思うところあって、〝世界のホームラン王〟である王貞治さんに疑問を投げかけたことがある。「時速一五〇キロの球を、よく見ていられるもんですね」と。すると王さんからは「球がきたからってホイと打てるわけじゃありません。ピッチャーがモーションを起こした時点から体が反応しているんです。頭で考えてどうしよう、こうしようなんて考えていたらとても打てるものじゃない。練習で体に覚え込ませているからこそ反応できるんです」との答え。わたしはまさに「我が意を得たり」の思いだった。

相手がこうきたらこういく、などということを考えていたら相撲は取れない。相手があること、相撲は体がとっさに反応しなければなんにもならない。相撲は頭の体操ではない。稽古につぐ稽古で体に覚えさせて、反射的にいろいろな動きができるように「体得」しておかなければならないのだ。相撲のむずかしさといったものはその先の話になる。

そういったことを含めて『基本の型』を重んじ、『型はずれ』を戒めながら、「よく稽古するものには怪我がない」というのは双葉山関の持論だった。

また、これは愛弟子の鏡里関から聞いた話だが、師匠はよく「稽古場は本場所のごとく、本場所は稽古場のごとく」ということをおっしゃられていたそうだ。これは煎じ詰めれば、勝負を気にせず常に真剣に土俵に臨み、全力を出し切って精進しなさいという意味にちがいない。

力士ならではの勉強、耳学問のありがたさ

わたしは中学しか出ていないが、十六歳のときから相撲取りになり、若くして出世したことによって、各界のトップの方々とお近づきになる機会に恵まれた。政界、実業界をはじめ、さまざまな世界で成功なさっている方々とよくごいっしょした。宴席も多かった。偉い方に囲まれたその席は青年としては正直いって堅苦しかった。しかし実にためになった、勉強になった。まして当時は戦後の復興を自らの手でなし遂げた筋金入りの人たちばかり。その人たちが、相撲がちょいと強いというだけで、わたしに人生の秘訣を惜しみなく教えてくださったのだ。まさに耳学問だった。

わたしと同じ世代の多くは学生か、サラリーマンになり立ての人たち。トップに寄りつくこともできないでいた。一方、わたしは恵まれすぎるほどの環境にあった

わけで、友人と話していても、その心境におとなと子どもほどの差があったことを覚えている。

本書をみても、双葉山関のお付き合いは広く深いことが察せられる。錚々たる大物メンバーが紹介されている。大横綱が七十連勝ならなかったときのエピソードとしてあまりにも有名な「いまだ木鶏たりえず」という言葉も、漢学の第一人者、安岡正篤《まさひろ》さんに身近に大きな教示を受けていたからこそ出てきたものであろうし、体得した語彙であったにちがいない。そんな一流の人たちから愛され、一方でスーパーヒーローとしてあこがれられた双葉山関が、人間としてもとてつもなく大きくなっていったのはいうまでもない。

それと比べると、いまの人たちは付き合いやすい人たちを選び、人生の大先輩たちの話を聞く機会が減っているのではなかろうか。

人間死ぬまで勉強

すべては強くなって相撲道を全うするために、すべてを相撲に振り向けていた求道者の時代から時が経ち、現役を辞めて親方に。部屋をもって弟子育成にいそしみ、そして停年となった。そのあと相撲博物館館長に採用していただき、側面から相撲道を盛り立てる仕事に従事するようになったいま、わたしは相撲史を勉強し、講演もしっかりこなせるように話し方の研究もしはじめた。

やはり人間死ぬまで勉強だなあ、の思いを新たにしているところである。それにつけても思い出されるのが、双葉山関の「我、いまだ木鶏たりえず」の言葉である。人間、これでいいという段階はない。いつになっても進歩する、常に最善を求める心を忘れてはならない——。

本文中の＊に関しては、
それぞれの章の最後に
脚注として示しました。

横綱の品格　目次

第一章　ゆくて遙かに

ふるさとの日々

わたしは明治四十五年の二月九日、大分県宇佐郡天津《あまつ》村の布津部《ふつべ》という字で生まれました。父義広と母みつゑのあいだには、わたしも入れて二男一女が生まれたのですが、兄と妹は不幸にして早く他界しましたために、わたしだけが丈夫に育ったわけです。

布津部という字は海沿いの集落で、そこの住民はたいがい半農半漁の形でその暮らしを立てていました。わたしの家は祖父の代から回漕業で、以前は近村にできる米や木炭を船につんで、遠く広島や大阪方面へ送りこんだものらしいのですが、父の代になりましてからは、宇ノ島に集まった石炭を、右の方面へ送りこむのが仕事でした。回漕業とはいっても、運賃を稼ぐだけでは妙味がないというので、父は木炭の売買利益をも収めようともくろんで、一時はいくらかの資産も蓄えたようですが、大阪方面での貸し倒れがもとになって失敗し、これがために家運も傾いて、借財だけが残りました。わたしが小学校四年生のときのことです。

それからというものは、もっぱら馬上金山《ばじょうきんざん》の鉱石を、日出《ひじ》から佐賀関の精錬所まで運搬する仕事をやったわけですが、父としては人を使っていては、なかなかやってゆけそうにもないというので、わたしも小学校の五年生ころから、父の仕事を手伝うことになりました。なにしろ小学校在学中の身分です。休暇を利用するとか、さもなければ思いきって学校を欠席するとかして手伝うほかはなかったのです。

父のもっていた船はいわゆる「帆船」で、「日吉丸」といいました。日出を夜おそく出ると、あけの朝ようやく佐賀関へ着くのが常例でしたが、たまたま大正十四年の六月、ちょうどわたしが十四歳のとき、わたしども親子にとって「生命の綱」であったその船は、折からの嵐にあって沈没してしまい、わたしたちはテンマ船によって辛うじて助かるという非運にぶつかりました。佐賀関への鉱石運搬も、これでいったんおジャンになったのですが、やがてまた中古船を購入することができて、こんどは父とわたしと二人きりで石炭を大阪や広島へ運ぶ仕事をやりだしたのです。

そのころは、わたしもすでに尋常科を卒《お》えていましたので、専心この仕事を手伝うことができたわけです。

　小学校在学中は、わたしも中津の中学を志望して、受験準備にも手をつけたのですが、家の事情が事情でしたから、とうとう諦めてしまいました。ところが新たに買った船も、なにしろ中古船です。まもなく駄目になってしまって、これを補充するに足る資力とてもありません。やむなくわたしは、よその船に雇われて月給三十円をもらうことになりました。そのころで三十円といえば、年の割にはよい収入でした。わたしはこの収入で、いくらか家計を助けることができたわけですが、父は父で、中津で塩湯を営んでいる伯母の家へ手伝いにいって、そこでなにほどかの報酬をもらって、家計を立てるといった有り様でした。こんなわけで、父はとかく不在がちでありましたために、わたしは子どもの時分、どちらかといえば祖母の手によって育てられたといってよいのです。

　父の体格は大きいほうではありませんでした。そのむかし奥平藩士だった中津の内田家から穐吉《あきよし》家へ養子にきた人です。母は父とちがってきわめて体格がよく、村

幼いころ。大分の海沿いの村で育った

では美人のほうでしたが、なかなかの働きものでもあったようです。祖父母には子どもがなかったので、母も西国東郡《にしくにさき》の高田在から、父のもとに嫁いできたのでした。その母は、家が落ちめになる直前、わたしが十歳のときに亡くなってしまいました。ちなみに母の系統はみな体格がよいようです。わたしは体格の点で、この系統を受けついだものでありましょう。

小学校時代の恩師では、一年、二年、三年とひきつづいて受け持ちだった杉木先生や、それからのちの受け持ちだった松原先生や、体操の吉田先生などが、わたしの印象に残っています。後日談になりますけれども、杉木先生は、わたしが力士になるとき非常に喜んでくだされ、またわたしの取組が新聞に出たときなどは、

「君の名が天下の『毎日新聞』に出た！」

といって、心から激励してくださいました。

天津の東のほうに宇佐という町があって、そこに宇佐神宮という神社があるので

すが、当時は年に一回、郡の小学校がみなその境内に集まってきて、合同の運動会をやるならわしでした。わたしももちろん出かけたものですが、体格が級第二位だったわたしも、相撲は強くなかったので、そのほうの選手にはなれず、走り合いの代表に選ばれたものです。走ることでは、クラスのだれにも負けなかったからです。いまでも郷里へ帰って同窓生が集まると、よくこの話が出て大笑いをします。

志を立つ

父は体こそ小さくても相撲が好きで、村相撲などにもよく出場したものです。前にものべましたように、当時わたしの家には、事業のつまずきから借財が残っていて、総額五千円にも達していたでしょうか。取引先やら金貸業者などから矢の催促を受けて、父が苦しい言いわけをしているのを、わたしも悲痛な気持ちできいたことを覚えています。しかしそのころのわたしたち親子の収入では、いつまでたったところで、弁済の余力がないことは、きまりきった話でした。

たまたま郷土の出身で小野川（のちの大関豊国）という力士があり、当時日の出の勢いでありました。生まれは大分の在でしたが、郷里へ帰ると凄い人気が湧きあがったものです。父はこの様子を知って、

「家もこんな有り様では仕方がない。お前もひとつ、相撲にならんか」

といって、わたしに誘いをかけました。もともと大分県というところは力士の少ない地方で、ずっと以前に、隣村に御用木《ごようぼく》といって関脇までいった人があり、また長洲《ながす》から十両までいった人が出たくらいのものでしたから、それだけに小野川の出現は異常な人気をあおったわけです。わたしは当時十六歳でしたが、

「小野川の半分くらいでもよいから、強くなって帰ってきてくれ」

と父にいわれました。わたし自身は、

「いや、大関になるんだ！」

と豪語はしてみたものの、内心は少しも自信がなかったのです。父としても涙をのんですすめたものと思われますが、わたしも父の意を汲んで、遂に力士になろう

と決心したのです。

　そのころたまたま近村のお祭りに、青少年たちの奉納相撲が催されて、わたしも参加することになりました。村の長老連もこれに力をいれて、応援に繰り出すといった熱心ぶりでした。わたしはたまたま畳屋の青年と取り組むことになったのですが、相手は体が小さかったので、下手に食いさがってきました。取り組みはしたものの、わたしも相手も、お互いにどうしていいのか、さっぱりわからず、なかなか勝負がつきません。すると見物席のほうから、

「押せ！　押せ！」

　という声援がきこえてきます。わたしはとっさに自分の体にものをいわせて、上から押さえつけてしまったのです。そのため相手はひどく腰を痛めたらしく、いまでも郷里へ帰ると、よくその話が出る次第です。ちなみにその青年は、わたしが横綱になるころまで存命していたと記憶しています。

　このことがあって間もなく、この出来事は『大分新聞』にとりあげられて、

「天津に怪童あり！」

といった調子で報道されました。当時わたしは、身長五尺七寸（約一七三センチ）、体重十九貫（約七十一キロ）であったと覚えています。そのころたまたま県の警察部長であった双川喜一氏はこの記事に注目され、さっそく近くの四日市署長に連絡されたものらしく、署長はわざわざわたしの家までやってきて、双川部長の意向を伝えてくれました。そこでわたしたち親子は、自動車にのって大分まで出かけたわけです。後日になってわかったことなのですが、双川さんはかならずしも、わたしを力士にするほどのつもりはなかったらしく、むしろ柔道でも稽古させて警察にでも勤めさせようくらいの腹だったようです。

ところが、ちょうどその時分、大分には、西ノ海、宮城山一行のなかに小野川がきており、立浪親方も吉野山、剣岳などの弟子をつれて、これに加わっていました。この空気に影響されたものか、双川さんはにわかに、わたしに向かっては、

「相撲にならんか」

といい、わたしの父に向かっては、

「この子どもを、わたしにくれ」

といい出されました。父もわたしもすでに決心がついていたときなので、わたしたち二人は即座に応諾したわけです。


いよいよ力士を志願するということにきまれば、当然、郷里の先輩である小野川関の弟子になるのであろうと、父もわたしも予想していました。ところがそのとき、いっしょにきていた立浪親方は、もともと富山県の出身で、双川さんが以前に富山県の学務部長をしておられたころから、たいへん懇意な間柄であったのです。立浪親方は弟子の養成については、きわめて熱心な人でありましたから、全国を転勤してまわる双川さんにも、かねがねから、

「有望な青年がみつかったら、ぜひお世話してほしい」

と依頼してあったらしく、双川さんはこのときふと、この約束を思い出されたわ

たまたまわたしたち親子がうかがったとき、さきにものべましたように、たまたま立浪親方は弟子の関取衆をつれて、挨拶のためにきていました。双川さんは親方にわたしを紹介し、私の体をみせられました。わたしたちは親方一行と食事をともにし、わたしは吉野山関と腕相撲をさせられました。こんなきっかけで、わたしはけっきょく立浪部屋に弟子入りすることになったのです。

ところが、これを伝えきいた大分の小野川後援会の人々は諦めきれず、

「定次を小野川の弟子にくれ」

と双川さんに交渉したようですが、双川さんとしては、

「立浪との約束もあり、それに定次はわしがもらったのだから」

といって、断られたとのことです。父にも話がきたそうですが、父はわたしが力士になることができさえすれば、それでいいと考えていたわけですから、

「双川さんにお任せしてあるから」

といって、お断りしたときいています。

第二章　立浪部屋

相撲当日となって、わたしは場所へつれてゆかれ、はじめて廻しをしめて一、二番の稽古をやらされました。ところがこのときは、わたしが兄弟子たちをみな負かしてしまったのです。わたしは子ども心に、

「この分ならすぐに出世できるぞ！」

と気をよくしたのですが、あとで考えてみると、なんのことはない。わたしがはじめてであることを思いやって、兄弟子たちはよろしく加減をして負けてくれたのです。

その日のうちに一行は大阪へ向かいましたが、わたしは村でのお別れもすんでいないからというので、立浪師匠同道で家へ帰って、送別会をやってもらいました。村の人々もみなやってきて、泣いて別れを惜しみましたが、同席の師匠も思わず、もらい泣きをされたことを覚えています。ことに祖母は、長年のあいだ手塩にかけた孫のことでもあり、ひとしお手放しがたく思ったようです。

こんな次第で、わたしは一足後れて、師匠といっしょに大阪へ向かいました。その途中で、師匠がかねがね信仰していた岡山県の金光教の本部に立ち寄って、師匠とともにお参りしたことを記憶しています。

少年時代の海上生活の経験は、後日のわたしにどんな影響を及ぼしたか――わたしはよくこのことをきかれるのですが、第一にいえることは、「忍苦」の精神を養えたことでしょう。船乗りの生活はいわば重労働の連続で、角道《かくどう》の修行もずいぶんと苦しいものには相違ないのですが、船乗りの労働より苦しいと思ったことはありません。それに時間の長さからいったって、大きな開きがあるわけです。

第二にいえることは、船の動揺によって自然に腰を鍛錬することができたということです。これは自分自身で意識していたわけではありませんが、あとで人からいわれてみると、「なるほど」と肯《うなず》かれる節もあるのです。なにしろ当時のわたしとしてみれば、陸上の生活よりも、海上の生活のほうが、時間的にも長かったわけですから、知らずしらずのあいだに、ずいぶんと腰の力を鍛えられ、これが後日の土俵生活のうえに、少なからず役立ったものと思われます。このことについては、あとでもまたのべる機会がありましょう。

昭和二年三月の大阪場所は、わたしの生涯にとって記念すべき場所です。この場所で、わたしは体格検査を受けて合格し、はじめて前相撲*1をつとめました。これはわたしの力士としての生涯の出発点だったわけです。双川さんから、このとき「双葉山」という四股名をつけてもらいました。

「栴檀《せんだん》は双葉より芳し」

からとられたものと思います。

あのころの立浪部屋には、吉野山、剣岳、兼六山を筆頭に、三十人くらいの力士がおりました。朝飯ぬきで稽古をするのは、慣れないうちはなかなかたいへんで、昼食の時刻が待ちどおしくってならなかったものです。例によってわたしも、炊事そのほか、いろんな雑役に従いましたが、郷里にいるとき船乗りの生活を体験したわたしは、べつだん苦しいと思ったことはありません。

大勢の兄弟子たちのうちには、意地悪い人もいなかったとはいえないでしょうが、それが自分の発奮の動機ともなれば、それでよいわけです。しかし猛烈に稽古をつけてもらえるのは、むしろこちらを思えばこその親切で、これを「意地悪」と解するのは見当ちがいです。

馬車馬稽古

若いころ、部屋の力士たちといっしょに、ある宴席に招かれたとき、みなが相撲甚句を踊り出して陽気に騒いでいるのに、わたしだけが黙って群れをはなれているのをみて、その日の主人公が
「どうした？　気分でも悪いのか」
ときくと、わたしが、

「いやべつに。力士は相撲の稽古さえすればよいと思っていた。踊りは稽古していない。だから踊れないのだ」

と答えたということが、世間の一部には伝えられているようです。あるいはそんなこともあったかもしれません。

当時はなににしろ、相撲の稽古にそれこそ馬車馬的に精進するばかりで、ほかにはなにも考えなかった時代です。あとで考えて悔いることのない稽古をしようと一所懸命だったのです。土俵にのぼって勝負をしたあとで、こういう点をもっと練習しておけばよかったとか、ああいう点をもっと稽古しておけばよかったとか、そういう後悔のないようにと、一途に精を出したものです。唄や踊りを覚えようとしなかったのも当然だといえましょう。

このごろでは、興《きょう》いたれば歌わぬこともありません。若いころから顔なじみの老《ろう》妓《ぎ》などは、

「どうしてこんなに変わったものか。むかしは口もきいてもらえなかったのに」

などといいますが、いくらか気持ちのゆとりも出てきたためかと思います。

師匠の面影

立浪師匠という人は、弟子の養成に非常に熱心な方でありました。はじめから自分のところを頼ってきたものばかりでなく、なにかの不始末とか、あるいはまたその他の事情などで、よその部屋を出てきたものまでも自分の手に引き受けて、その面倒をみ、これを懇《ねんご》ろに教育して、一人前にしてやろうという熱意にあふれていました。そういう弟子たちを、わたしどもの仲間では「預り弟子」とよぶのですが、立浪部屋の預り弟子のなかからは、兼六山とか、雷ノ峯《らいのみね》などという人々が、のちに著名な力士となりました。

師匠はお若いころに、雷《いかずち》部屋の一門*2である春日山部屋という小部屋に弟子入りをされたのですが、その部屋には稽古場がないことから、師匠たちはいつもよその稽古場へいって練習をしたのだそうです。ひとしく稽古場とはいっても、よその稽古場では、なにかと気がねもあって、思うような稽古もできなかったらしく、師匠はそういう点でも苦労をされた人です。それだけに、自分も弟子を養成するようになってからは、愛する弟子たちに、そうした苦労はさせたくないというので、苦しいなかにも無理をして、稽古場を建設されたという話です。

師匠は現役のときは「緑島《みどりしま》」といって、小結までのぼった人ですが、なにしろ常陸山《ひたちやま》が全盛だったあの強豪ぞろいの時代に、小さな体で三役をつとめただけに、その面でも人知れぬ苦心があったにちがいがなく、土俵の上で派手な成績こそみられなかったのですけれども、やはり立派な力士だったと思われます。師匠自身もよく、そのころのことをいい出して、わたしどもに教訓され、その教育方針もなかなか厳格なものでした。のちにわたしや、羽黒山や、名寄岩《なよろいわ》などが出そろうようになって、立浪部屋は角界の一方の旗頭となるにいたりましたが、これというのも師匠の教育的熱意の賜物です。部屋は両国駅のすぐそばでしたが、次第に部屋の拡張も実現し、その内容も充実してゆきましたので、わたしどもとしても、あのころの気分はまことに楽しいかぎりでした。

部屋が年をおって大きくなってゆくにつれ、師匠の奥さんのご苦労も、並大抵ではなかったろうと察せられます。大勢の力士たちの食事の世話等々、なにかと采配をふるって、細かいことにまで気をくばり、部屋の力士たちに気持ちよく相撲を取らせるようにつとめなければなりません。いわば「縁の下の力持ち」です。現在では家内などもその経験をなめているわけなのですが、そこから推しはかっても、当時の師匠の奥さんの蔭のご努力は、容易なものではなかったろうと思われます。

力士たちは、もし負けでもすると、当たりどころがないために、とかく食べもののことなどを気にし出すものです。この辺の空気をうまくさばいてゆくのは、なかなかのことです。場所中はぜったいに「鰯」を食わんというものがあるかと思えば、なか「四つ足」はまっぴらご免だというものが出てきます。「鰯」を嫌うのは、それが「魚」偏《へん》に「弱」という旁《つくり》がついているためですし、また「四つ足」を避けるのは

「四つん這い」を連想するがためです。いずれも「縁起が悪い」というわけなのです。縁起といえば、部屋から場所へゆくのに、ある道筋を通ったら、初日の相撲に勝てたからというので、その場所中はいつもその道ばかり通って、部屋と場所とのあいだを往復するといった力士もありました。

わたしも、こんな点がまったく気にならなかったわけではありませんが、どちらかといえば気にしなかったほうでしょうか、外にあらわれる程度にはいたらなかったように思います。こうしたことも、局外者からみれば滑稽千万《こっけいせんばん》かもしれませんけれども、勝負するもの自身にとっては、ひとつの「気休め」とでもいうべきところで、やむをえない心理です。

師匠には、ご機嫌のよいとき、いつも語りぐさとされるご自慢が二つほどありました。その一つは、若島という強豪を破ったときの話です。

東京相撲と大阪相撲[*3]が合併した当時、若島は大阪方の横綱で、なかなか強かったのです。太刀山《たちやま》や常陸山でも、これを破ることができなかったのを、師匠はみごと撃破して、大きな銀盃を受けられたということです。部屋で宴会などが催されるとき、師匠はよくこの銀盃をとり出して、わたしども一同に酒をのませました。

「俺にあやかれ！」

というほどの意味であったかと思われます。

いま一つは駒ヶ嶽《こまがたけ》のことでした。駒ヶ嶽という人は、大関までいった力士で、非常に強かったのですが、大関時代に惜しくも亡くなってしまったのです。生きておればもちろん、横綱にもなったでしょう。ところがこの人にとって、たまたまうちの師匠が苦手だったらしく、師匠はしばしば駒ヶ嶽を負かしたものだそうです。そんなことから師匠はよく、

「駒ヶ嶽が横綱になれなかったのは、俺がいたからだ！」

といって、自慢されたものです。こんな自慢話も、いまのわたしにとっては、なつかしい想い出です。

＊1［前相撲］ 入門したばかりの新弟子がはじめて本場所で取る相撲のこと。ここで勝ち星をあげて、次場所はじめて番付（序ノ口）にのり、正式に力士の座に加わることになる。

＊2［一門］ 本家、分家といった親類関係の部屋同士、もしくは組合の意。むかしから数部屋がまとまって巡業するなど、協力関係ができている。

＊3［東京相撲と大阪相撲］ 江戸時代のむかしから江戸・東京相撲と大阪相撲は別の興行集団だった。昭和二年に東西の協会が合併、一本にまとまった。

第三章　同門の人びと

切磋琢磨

わたしは入門まもない昭和二年の五月場所に、はじめて東京の土をふんだのですが、ちょうどそのころ、わたしより二ヶ月後れで富山県出身の大八洲《おおやしま》が入門しました。この力士はのちに幕内までゆき、引退してからは「白玉」を名のりました。はじめ俳優をしていて、のちに力士へ転向したのだときいています。年はわたしより数歳上で、当時二十一歳だったかと思います。北陸の出身であるところから、そちらの殿様である前田侯から「大八洲」という名をつけてもらったという話です。師匠立浪親方と同郷である因縁で、わたしどもの部屋に入門したものです。

大八洲は六尺三寸（約一九一センチ）の大男でした。わたしは部屋の玄関で、たまたま大きな履物の並んでいるのをみて驚いたものですが、あとで考えると、そのとき大八洲がきていたのです。出羽ケ獄《でわがたけ》につぐ大きさで、

「太刀山の再来だ！」

などと騒がれ、将来を嘱望されたものです。当時、新聞にも出たのですが、わた

双葉山の後年の土俵入りでは、大八洲(右)が露払いをつとめた

しなどは付録的な存在として取り扱われたにすぎません。

わたしどもは二人とも親方づきの若いもので、師匠の隣の部屋にやすみましたが、申し合わせて、朝早くから稽古に精を出しました。師匠が目をさまさぬようこっそり床を出て、暗いうちから稽古場へ乗りこんだものです。お互いに競争して早起きしたために、起床の時刻がだんだんせりあがって、ついには、午前四時ごろにはもう稽古場に姿をあらわしているといった調子で、

「あまり早すぎる！」

といって、お小言を頂戴したこともあるくらいです。だが朝早く、盛りあげた砂をくずして一番土俵を取る気分はまた格別で、いかにも爽快だったことを覚えています。事実、わたしどものような下位のものは、早く出るのでなければ稽古ができなかったのです。それは、上位者の稽古がはじまる時刻になると、わたしどもはあとに控えているほかなかったからです。

兄弟子の凱歌

わたしの入門当時の部屋頭は、幕内力士の吉野山関でした。そのころ、わたしどもの部屋には、三役にのぼったものは、一人もいなかったのです。吉野山は幕内でも地味な存在でしたが、ときたま大敵を倒して人気を博したものです。当時は出羽ノ海部屋が番付の東方全部をもっていて、それにたいする西方は、いろんな小部屋の連合軍でした。*4 西方の将帥には西ノ海、宮城山などがいたのですが、率直にいって、東西の力の均衡はとれていなかったようです。

さて昭和四年の春場所のことです。わたしは吉野山づきの「若いもの」であったわけですが、この兄弟子はたまたま強豪常ノ花と取り組むことになりました。いつものならわしですが、兄弟子が自分の順番がせまってきて控えに入るときには、若いものが一足さきに蒲団をもっていって用意をし、相撲の終わるまで花道に立って観戦します。勝負が終わるとまた、その蒲団をあげてもちかえるのです。これは同じ「若いもの」でも、下のほうのもののやることなのですが、わたしはちょうどそのとき、この役目にあたったわけです。

わたしは型のごとく、蒲団を控えにしいて、花道にもどって、立ってみていました。心のなかでは、

「うちの関取はとても常ノ花関には勝てっこない。今日は駄目だ！」

と諦めていたのです。ところがいよいよ立ち合いとなって、豈《あに》はからんや、吉野山は横綱を打棄《うっちゃ》ってしまったのです。なにしろ若いころのことです、わたしはまったくの無我夢中で、蒲団をあげることも忘れてしまって、部屋に飛びこんでゆき、

「吉関が勝った！」「吉関が勝った！」

と連呼したものです。当時はすでにラジオがありましたから、部屋ではすぐそれを知っていたわけですが、しかしわたし自身としてみれば、そんなことを考える余裕などは、とてももちあわせがなかったのです。あとで叱られたことを覚えています。

ところが吉野山関は、翌日の相撲で、幕内力士の荒熊にやられてしまいました。

当時の名アナウンサー松内さんは、さっそくつぎのような歌をつくって放送したものです。いまなお鮮やかにわたしの印象に残っています。

昨日は常ノ花に勝ち
今日は荒熊に負け
さすが花の盛りの
短さよ吉野山

名力士の風格

師匠と同じく富山県の出身で、しかも雷《いかずち》系の同門にあたる白玉親方（往年の名力士・玉椿）が、わたしの入門したころ、幕内力士の雷ノ峯《らいのみね》を立浪部屋に預けることになりました。ちなみに当時の雷部屋には、幕内としては雷ノ峯一人しかいなかったようです。こうした関係で、白玉親方自身もまもなく、うちの部屋に合流することになったのです。わたしは、十七、八歳のころでしたか、ある年の巡業に一回だけ、この人のお付きになったことがあり、いろいろと教えられたものですが、それからまもなく親方は他界されてしまったのでした。

わたしは玉椿の相撲そのものを、この眼でみた経験をもちませんが、なにしろあの小さな体で関脇までゆき、常陸山《ひたちやま》と互角の相撲を取ったというのですから、類まれな名力士だったといっても過言ではありますまい。いつも温厚で無口な、立派な人柄でしたが、強豪ぞろいのあの全盛時代に、あの小さな体で関脇の地位を毫《ごう》もゆずらず、しかもケレンのない「四つ相撲」の正攻法で、堂々といくたの大剛をなやました風格は、いまから思ってみても、大したものです。それだけに人知れぬ苦労をして、よほどの研究もし、よほどの稽古もされたと思われます。

ことに晩年になると、素人とみちがえるくらいに小さくなっていました。ある人から伝えきいたことなのですが、常ノ花（いまの出羽ノ海理事長）が、かつて世話になった関係から、この人が地方へ出かけるとき、とくに二等車にのってもらったところが、顔を見知らぬ力士もそのなかにいて、すっかり素人と間違えられ、

「おい、おい、ここはお前たちのくるところじゃない！」

と、あやうく追いたてられるばかりだったという逸話さえ残っているほどです。ちなみに当時、親方は平年寄[*5]で、役員の地位にあられず、協会の表面に顔出しされることが少なかったために、地方巡業に出かけられることも稀で、たまに出かけられても三等車が常例だったのです。


当時はわたしも大きいほうとはいえなかったので、よく、

「体は小さくても、俺は稽古で立派になった。お前も、なんでもよいから稽古しろ。きっとものになる！」

といって、はげましてくれたものです。またいつも、つぎのような言葉を繰り返しては、若いわたしどもの志に鞭うったものです。

「本場所だからといって、普段とべつのものであるわけはない。場所になると、平素の練習がかならず無意識のうちに出てくるものだ。力士にとっては、かねがねの稽古こそ、いちばん大切なんだ！」

あの人は、よほどの工夫をつんだ力士のようです。たとえば、家のなかを歩くときでも、その歩きかたを問題にしないではおれなかった人です。つまり家にくつろいでいるときでも、土俵に直結した「足の訓練」を忘れなかったのです。

「バタバタ足では駄目だ。すり足でなくては駄目だ」

というわけなのです。だから座敷に座っていながら、廊下を通る力士の足音をきいただけで、

「ああいう歩きかたをする奴は、とても相撲には勝てん！」

などと、ささやいたものです。

でも当時はこちらも若く、この味わいもなかなか呑みこめなかったわけですが、後日、経験をつんでくるにともなって、頭の片隅に残っていたことが、身をもって「なるほど」と感得されるようになりました。

彦山という相撲評論家があるのですが、わたしがもう横綱になってからのことで

す。ある日わたしが歩いて場所入りをするときに、近くの曲がり角から国技館の門前まで、その歩きかたを眺めていたのだそうです。そのあとで彦山氏はわたしに向かって、つぎのようなことをいったものです。

「関取の歩きかたは、一つの型をなしている。自分自身でも、そのことを意識しているのか」

もちろん、わたしとしては意識していたわけでもないのです。だが力士というものは、歩きながらも、土俵上の「運足《うんそく》」に結びついた人知れぬ工夫が大切です。あのときもふと、むかしの玉椿を想いおこしたことです。

話が少し横道にそれるかもしれませんが、戦時中の勤労動員のさい、実はわたしども、靴をはいた経験があるのです。これは力士としてはたいへんなことでした。いままで靴をはいていなかったものが、にわかに靴をはくことによって、それは自然に親指の「ふんばり」に影響してきました。そのために土俵での「さぐり」がにぶくなってきたことは事実です。日常生活のちょっとしたことが、土俵に影響してくることは、この一事によっても疑えないところです。玉椿が家での歩きかたすら問題にしたのは、考えてみれば当然の工夫です。要するに、わたしども力士としては、平素の挙動も土俵の延長とならなければならない。それでなくては相撲には勝てないのです。

玉椿は大正のはじめころでしたか、その現役時代から、東京の郊外に、学生のための道場をつくっていたようですが、わたし自身も後日、一般好角家のために、太宰府の道場をもうけることになって、この点でも、この名力士と、なんとなく一脈の心のつながりを感じたものです。

＊4 〔東方・西方〕 相撲番付はすべてが東と西に分かれている。昭和六年以前の取組は、番付の東同士、西同士で対戦することのない、東西対抗形式の「東西制」だった（十五年春場所から二十二年夏場所もこの形式で行われた）。

＊5 〔平年寄〕 役職のつかない親方の意。一般でいえば平社員。

第四章　ひとすじの道

張り合い

昭和三年の春場所となって、わたしの名がはじめて番付にのることになりました。番付に名前がのる前にも三つの段階があるわけですから、なかにはこの道に志しながら、番付に名前ののらぬままに終わるものもあり、同じくのっても、それまでに二年も三年もかかるものもあって、なかなかむずかしかったものなのですが、わたしは幸いにして大阪の一場所で、なんとかそこまでこぎつけることができたわけです。

「そのときは、うれしかったろう」

とよく人にきかれるのですが、もちろんうれしかったことも事実です。だが正確にいえば、爾後《じご》は自分の名が番付面にあらわれてくるので、一つの大きな張り合いを覚えたといったほうが、より適切かと思います。

帰省

力士になってから四年目の昭和五年に、地方巡業のついでをもって、はじめて郷里の土をふみました。当時はわたしの幕下時代で、年は十九歳の時分です。そのときは祖母も父もともに健在でした。

伯母が中津で塩湯をやっていましたが、その二階で、かつての同期生たちが心のこもった歓迎会をやってくれました。わたしは少年時代によくこの家にいったことがあり、近所の人たちとも知り合っていましたから、その席へは旧知の老人たちも顔を出してくれました。わたしが力士になってからはじめての出会いですから、みんな非常に喜んでくれ、まことに楽しい一夕でした。

家のほうへもはじめて帰って、墓参りなどをしました。郷里からはそれまで力士が出たためしがないので、チョン髷がいかにも珍しかった模様で、

「定次がチョン髷で帰ってきた！」

というので、たいへんな騒ぎでした。先輩たちから、

「裸になって、やってみせてくれ」

とせがまれるままに、わたしは神社の境内で相撲を取ることになったのですが、みなは実際の様子をみて、

「定次も、東京相撲になったら、強くなったなあ！」

といって喜んでくれました。

家には一泊しただけですが、夜中にふと眼をさますと、父が横に寝て、わたしの体をしきりにさすっているのです。わたしが眼をさましたことを知らせては、さぞバツが悪かろうと思い、寝たふりを装ってじっとしていました。父の指先から温かい血がつたわってくるようで、なんともいえない、しみじみとした感じでした。

負け越しの経験

昭和六年の五月に十両にのぼりました。この世界では、十両からが関取格になるのですから、十両になれば、いままで人に使われていたものが、逆に人を使うよう

になるわけです。それからは若いものが一人か二人ずつついて、境遇はがらっと変わってくるのです。わたしは当時、ほんとうのところ、なんだか気はずかしい気持ちを味わったことを覚えています。

そのころは年四回の本場所*6が行われたものです。東京で一月にやると、三月には名古屋、大阪、京都、広島または福岡のどこかで一回やって、それを総合した成績で番付が編成される。ついで五月には東京、九月には地方でやって、またその総合成績で新しい番付が編成される。――こういうことが繰り返されていたわけです。わたしは十両にのぼるまでのところは、東京では五分の成績、地方でいくらか勝ち越してのぼってゆき、負け越したという経験がなかったのです。十両になる前の東京春場所では六番勝ち（一敗）、ひそかに自信をつけて新しい地位についたわけです。

ところが十両になってはじめての本場所では三番しか勝てず、わたしはそれまでに経験したことのない苦汁をなめることになりました。幕下時代の勝ちっぱなしで自信をつけていたのが、ここでみごとにペシャンコになってしまったわけです。べつだん体が悪かったというのでもありません。率直にいって、気分が硬くなったためではないかと思われますが、それに加えて、十両ともなれば、土俵なれのした力士が多く、幕下時代の相手とは、いささか勝手が狂ってくるものです。そのときのわたしは、はからずもこの関門にぶつかったわけです。さすがに口惜しくてたまらず、しばらくは押入れにもぐりこんだままでした。

だが秋の大阪本場所では、幸い七勝四敗の勝ち越しとなり、前後総合した成績で地位の転落をまぬがれた次第です。

紛擾《ふんじょう》前後

昭和六年末の地方巡業から帰ってきて間もない翌七年のはじめに、例の新興団事件（世にいわゆる「春秋園事件」[*7]）が勃発するにいたりました。大ノ里、天龍、綾桜など出羽ノ海一門の大半が、大井町の春秋園にたてこもって、協会側にたいして、いわゆる「改革意見」なるものをつきつけたのです。事態収拾のために、仲介者もたてて折衝がつづけられたのですが、解決にいたらず、交渉はついに決裂しました。力士たちは仲介者の顔をたてて髷を切り、こぞって協会を脱退することになったわけです。

はじめは出羽一門が出ていったのですが、あとから男女ノ川《みなのがわ》や鏡岩《かがみいわ》等々の西方力士も、「革新団」*8と称してこれに合流することになり、玉錦、武蔵山、清水川、沖ツ海など幹部力士をのぞけば、残留したものはごく少数といった実情でした。

そのときの力士側の要求というのは、だいたいつぎの十項目であったようです。

一、相撲協会の会計制度を確立すること
二、興行時間を改正すること
三、入場料を低下し角技を大衆のものたらしめること
四、相撲茶屋を撤廃すること
五、年寄制度を漸次に廃止すること

六、養老金制度を確立すること
七、地方巡業制度を根本的に改革すること
八、力士の収入を増加し生活を安定ならしむること
九、冗員《じょういん》を整理すること
十、力士協会を設立し共済制度を確立すること

相撲界としては稀にみる大事件だったわけですが、なにしろわたし自身は十両になったばかりのペーペー力士で、詳しいことはよくわからず、さほど問題にもしなかったわけです。部屋の先輩にも天龍一派に加わる人はあまりなかったのですが、ただ幕内の剣岳は力士会の幹事をやっていた関係で出てゆき、それに雷ノ峯《らいのみね》も出ていったのですが、それは天龍との友情関係によったものと思います。

天龍一派の要求ないし主張を、当時のわたしはどんなふうに感じとったか——そういう質問を受けることもあるのですが、かれらの主張の善悪、適否については、

当時のわたしはよく判断できなかったというのが、最も正直なところでしょう。何分にも十両になったばかりの若僧です。先方としてはわたしなど、もちろん眼中にはなかったはずで、べつだんの誘いを受けたこともなく、したがって岐路に立って悩んだというような事実もないのです。率直にいえば、

「自分は相撲を取るために、この道に入ったのだ。なんでもよいから早く解決をつけて相撲を取らせてもらいたい」

くらいの気持ちだったと覚えています。

しかし一時は、そのグループでないと力士ではないようにいう、妙に「英雄」的な見かたがはびこったものです。そのころわたしは、中野にある双川さんのお宅へよくお邪魔したものですが、たまたま奥さんが、

「騒いでいるようだが、自重しなくてはいかん」

という意味のことをいわれ、また、

「みなの主張はよいのかもしれないが、ほんとうに改革すべきことがあるのであれ

ば、内部にいてそれをやるべきだ。髷を切って外へ出て分かれてしまったのでは、改革はできないのではないか」

といわれたのは、当時のわたしにとってとても印象的でした。わたし自身はべつに動揺していた覚えもないのですが、奥さんの言葉をきいたときには、

「まったくそうだ!」

と同感を覚えました。

「内部にいて改革するだけの〝力〟がなくては、およそ〝改革〟などできるものでない」

そういう意味だったのでしょうか、わたしの胸にはピンとこたえるものがあったのです。

こうしてわたしは残留組の一人だったわけですが、天龍一派が出ていったあと、番付面の力士が不足したために、十両から抜擢されて入幕することになりました。昭和七年二月のことです。ところが当時は玉錦以下相当の上位者が残留していたの

昭和八年春、出陣前にテッポウをする。
まだ体重は百キロ未満だったが、腰の強さは抜群だった

ですから、それらの人々と、番付不足で抜擢されたわたしどもとの実力の差異はいかにも顕著で、たとえ入幕したとはいっても、これに追いつくのは容易なことではなかったのです。玉錦、清水川、武蔵山、沖ツ海、高登《たかのぼり》等々、錚々たる連中が控えているからには、なかなか勝てるものではありません。追いつくまでには、やはり二、三年はかかったかと思います。

そうこうするうちに一年もたって、出ていった力士の大部分が復帰することになりました。一時はどうなることかと、わたしはわたしなりに案じたものですが、みなが帰ってきて相撲もだんだん興隆の一路をたどるようになりました。やはりよい力士が多くそろっていないと、相撲も駄目だなと、しみじみ実感した次第です。

転落の苦杯

昭和十年一月場所に、わたしは「小結」にすすんだのですが、べつに体が悪いというわけでもなく、稽古にゆるみがあったというわけでもないのに、四勝六敗一分

――いわゆる「負け越し」で、同年五月場所には東前頭筆頭にさがりました。ところが悪いことはつづくものです。わたしはまた、この場所でも負け越してしまったのです。

当時のわたしは、体重は二十六貫（約九十八キロ）、身長は五尺八寸五分（約一七七センチ）くらいで、体力も力士としてはよいほうではなく、しかも勝負は「総あたり戦」[*9]ときていますから、充実した上位陣に割りこむのは、実は容易なことではなかったのです。たまたま勝ち越して三役にのぼったといってみても、実力がこれに伴わなければ、振り落とされるのは当然至極で、少しくらい背伸びをしてみたところで、追いつきうるものではありません。こういう羽目にぶつかると、だれしも自分自身の素質について疑いをいだくようになり、心に迷いを生ずるものです。この「疑い」と「迷い」に負けてしまえば、それで万事がお終《しま》いなのですが、幸い、なんらかのきっかけで自信を取りもどすことができれば、それでまた立ちなおることも不可能ではないのです。

自分の力がどんな程度のものであるかは、いつも相撲を取っている身として、自身にもよくわかっているはずです。ところが「自分は強い」と信じているものが、たまたま負けると、気を悪くして落ちめになる場合もあれば、稽古場でさほどの腕はなくても、たまたま場所に出て、よい成績をとれば、それに自信をえて、実力もまたこれに伴ってくる場合もあるのです。人間の心理というものは、まことに微妙なものです。

世間の一部には、このとき、わたしが非常に苦悶懊悩《おうのう》したようにも伝えられています。たしかに、自分の将来の見込みについて、

「果たしてやってゆけるだろうか」

と悩んだことは事実です。しかし場所ごとに負け越したからといって、わたしどもは局外者の想像するほど、そんなに苦悶するものではありません。とくにこのころは、自分としても相撲が面白くてならなくなった時期なのです。わたしは相変わらず黙々として稽古に精を出していました。そのうちに、だんだん体も充実し、勝

負にも勝って、しだいに自信が湧いてきたわけです。負け越したために、いったん苦悶のどん底に沈んで、何かのきっかけで再び奮然決起《ふんぜんけっき》したなどという覚えはありません。

わたしには、ただ稽古があったばかりです。

恩返し

のちに大関、横綱とすすんだ高砂部屋の男女ノ川関は、昭和七、八年ごろは小結、関脇だったと思います。地方巡業がいっしょだった関係から、よく稽古をしてもらいました。かねて慣れていたせいもありましょうか、場所で顔を合わせても、いつもよい相撲にはなりましたけれども、ついぞひとたびも勝ったことはなかったのです。

ところがたまたま昭和十一年の一月場所で顔を合わせたとき、わたしはついにこれを破ることができました。角力《すもう》仲間では、稽古をつけてもらった人を打ち負かすことを、「恩返しをした」というのですが、わたしはこのときはじめて、男女ノ川関にたいして、いわゆる「恩返し」をすることができたわけです。それからというものは、男女ノ川関にずっと負けたことがないのですが、一度負かすと自信がつき、自信がつけば実力もまたついて、そういうことにもなったのでありましょう。

この場所では、わたしは前頭三枚目の地位で土俵にのぼったのですが、九勝二敗の成績で関脇に飛び、つぎの夏場所でははじめて全勝優勝して大関にすすむことができました。ちなみに当時は、大関は清水川だけで、一つは空席だったと記憶します。世間には、わたしの関脇時代に、少し成績がよいと、

「大関になれるぞ！」

と期待してくれた人もあるようですが、当の本人にしてみれば、なにしろ小結から前頭へ転落したにがい経験の持ち主です。いよいよ大関になったときには、体はいくらかよくなりかけていましたけれども、内心では、

「また落ちねばよいが」

と案じたくらいです。そんなわけでわたしは、周囲と自分との、どうにもならない「感じの隔たり」を体験したものです。

それからはお蔭でずっと勝ちっぱなしでしたが、そのころのわたしは、

「ほんとうに勝ったのかな」

と訝《いぶか》ったり、

「ほんとうに強くなったのだろうか」

と、自分で自分を疑ったりしたものです。それが当時のいつわりない心情だったと思います。

目標の克服

人間はだれしも、「目標」をもつものです。この目標をもつことによって、これを克服するために、わたしどもの努力もおのずから白熱化していくわけです。わたし

も若いころ、自分のゆくてに目標をつかみ、ひそかにこれをめざして精進して、これを追い越そうとはげんだものです。

ところが、「追い越そう」とする努力は、かならずしもそんなにむずかしくはないのですが、逆に「追い越されまい」とする努力は容易ならぬものです。これは局外者からみると、往々にして反対にとられやすいのですが、実際に勝負の世界にはまりこんだものにとっては、「追い越そう」とする努力よりも、「追い越されまい」とする努力のほうが、はるかにむずかしいのです。

若いころ、ある目標をもって、「あれを倒そう」と志したときには、自然と張り合いも出て稽古に激しい熱も加わってくるものです。ところが、いったん追いつき、追い越してしまうと、なんとなく心さびしい、もの足らぬ気持ちにおそわれる。しかもそこへもってきて、「追い越されまい」とする地味な努力が継続されなければならないのです。

玉錦の盛んだったころ、だれしも彼を努力の目標にしたものですが、わたしもまたその例にもれなかったのです。玉錦という目標を克服しようとする意志が、わたしの稽古のはげみともなったことは疑えません。玉錦とはしばしば顔を合わせましたけれども、昭和十一年の春場所まではずっと負けつづけで、一度も勝ったことがなかったのですが、同年の夏場所になってはじめて、これを破ることができました。このときは、わたしの胸にひそかに描かれていた目標をやっと克服しえたわけで、率直にいえば、夢中の思いでした。それからは一度も負けたことはありませんが、二勝し三勝するにしたがって、わたしの技にも、いわゆる「鋭さ」が出て、それが自分自身にもよくわかりました。別の箇所で触れます『武蔵落穂集』のなかで、吉川英治さんが、

「投げたというよりも切ったという感じであった」

と評せられたのは、昭和十二年の夏場所に彼を破ったときのことです。のちになると、なんとなく、わたしの心の一隅に、この人をいたわるような気持ちが湧いて

きたものです。

どんな力士でも、いずれは追い越されるにきまっていますが、できるだけ追い越されないためには、猛烈な稽古によって頑張るほかはないのです。いわば、人の何倍にもあたる努力が必要となってくるのです。

玉錦は、負けずぎらいな、気性の強い力士で、ずいぶんと稽古に熱心な人でした。そのために体に膏薬《こうやく》の絶え間がなく、

「玉錦じゃなくて、襤褸《ぼろ》錦だ！」

といわれたくらいです。横綱になってからも、その点は少しも変わらず、ひそかに敬服の念《おも》いにたえなかったものです。

これは玉錦がすでに横綱になってからの話ですが、地方巡業のとき、かれは毎日、場所へ入ってから今日はだれだれと稽古をしようという目標を立てたものです。そして自分が場所入りをしたとき、たまたまその力士がすでに土俵にのぼっていると、木戸のところから帯をときながら、土俵のほうに向かって、

「ちょっと待ってくれ!」

と大きな声で呼びかけておいて、さっそく仕度部屋に入り、廻しをしめて、すぐ稽古場へ飛びこんでゆくといったふうでした。だれしも稽古には精を出すわけですが、ここまでのことは、なかなかできないものです。当時はあの人が、いちばん熱心でした。だからあれだけの成績を残すこともできたのでしょう。やはり偉い力士だったと思います。

「押し」と「突き」と「寄り」

四人の横綱がそろった場所は、明治以後の歴史をみても、決して少なくはないのですが、四人ともがそろって、初日から千秋楽まで相撲を取った場所というのは非常に少ないのです。なにかと故障があって、だれかが欠ける場合が多いのです。わたしの横綱時代にも、四人の横綱が出そろって千秋楽までつとめあげたことは、ただの一回しかなかったと記憶しています。

その一回というのは、昭和十三年の夏場所（十三日制）のことです。あのとき、わたしは、十一日目に武蔵山、十二日目に男女ノ川、千秋楽に玉錦と、三日間つづけて横綱と取り組みました。これらの勝負で、わたしは幸いにして相手をみな破ったのですが、そのときのきまり手はたまたま三度ともちがっていて、武蔵山を「押し出し」、男女ノ川を「突き出し」、それから玉錦を「寄り切り」で倒すことができました。

相撲の「基本の技」として、「押し」、「突き」、「寄り」が指摘されうるわけですが、わたしははからずも右の勝負で、それを一つずつ適用した結果になったのです。自分としてはもちろん、意識してそうしたわけでなく、とっさの呼吸でそうなった次第ですが、相撲研究家のあいだでは、こういうことが重大なことに考えられるらしく、当時いろいろと論評されたものです。

相撲の「得意」は、「右四つ」と「左四つ」に分かれるのが常識で、その「得意」

昭和十三年夏、玉錦(右)との大一番を制し優勝。
歴史に残る名勝負だった

のなかで臨機応変的にいろいろな「技」が表現されるわけです。そこで、自分と相手との千変万化の体勢に応じて、最も適切な技を出すには、かねて身につけたものが、いつでも出てこなければいけないのです。いわゆる「無意識」のうちに「技」が出てこなければならないのです。これは別の箇所でものべたことですが、意識と体とが二途になっては駄目なのです。この二つのものが、あくまでも渾然たる「一枚」となりきらなければなりません。たとえば、四つに組んで、相手が巻き替えしてきた場合、相撲の型としては——すなわち原理的には、かならずこれを寄り切ることができるとしたものです。しかし実際の土俵にあたって、そうできるかどうかは、おのずからにして別問題です。それが実際に可能であるためには、かねての稽古によって身につけられた技が、とっさのさいに無意識に出てくるようでなくてはならないのです。

安藝ノ海に敗る

昭和十四年の一月場所に、はからずも安藝ノ海に敗れたときは、それまで六十九連勝をつづけてきたわたしの蹉跌《さてつ》として、大きな話題を世間に投げかけたようです。当の本人たるわたし自身よりも、世間のほうが騒いだといっていいくらいの感じでした。当時、世間では、わたしの敗因について、いろいろな論評が試みられたものですが、わたし自身としては、とかく弁解がましい言葉を弄するのを、潔しとしなかった次第です。

別のところでものべますように、わたしはあの前年に北支の巡業で、[*10] アミーバ赤痢にかかり、夏には帰国して大阪の病院へ入ったのです。やがて退院したものの、体重は三十三貫（約一二四キロ）から二十七貫（約一〇一キロ）に減り、それから一月場所となって、病気は癒《なお》っていたにしても、体力の衰弱は十分に恢復《かいふく》しきっておらず、また場所前の稽古も一ヶ月程度で、まことに不十分であったように思われます。場所前に、

「休んだらどうか」

といってくれる人もないではなかったのですが、一応全快してはいるのだし、稽古もやってはいるのだからというので、出場することにしたわけです。

あの場所では、はじめ三勝したのですが、わたし自身としては、いつもの調子に変わりはなかったように思いました。ところが四日目に組んだのが、問題の安藝ノ海です。安藝ノ海は新進の平幕力士で、わたしとは初の顔合わせでした。当時わたしは彼をよく知らなかったのです。それに、あとから気がついたことですが、わたしの相撲にも不用意なところがなかったとはいえません。いわば投げにゆく体勢でないところを、強引に投げにいった感じです。相手はかねがねわたしの弱点を研究していたわけでしょうから、その狙いとわたしの不用意とが、はからずもあの土俵で合致して、ああいう形で実を結んだものと思われます。

さてそれからまた、両国と鹿島洋《かしまなだ》に二敗、さらに九日目には玉ノ海に一敗を喫し

安藝ノ海に敗れ連勝は六十九でストップした。四年ぶりの黒星だった

て、この場所では計四つの黒星をとったわけです。安藝ノ海に敗れたとき、自分自身としては、それほど動揺したとも思わなかったのですが、あえていえば、強いて「動揺すまい」と心構えたところに、みずからは意識しない動揺があったのだとも、いうことができましょう。ついで最後の四日間はまた勝ちつづけて、鏡岩、綾昇、前田山、男女ノ川を破ることができました。わたしは横綱や大関には、ほとんど負けたことがないのですが、べつに調子をおとしたというわけでもないのに、負けたのはいつも平幕の力士でした。

この場所でわたしの敗戦がつづいたとき、周囲は非常に心配して、

「どうした？　どうした？」

としきりにいってくれたのですが、自分としては、あまり弁解がましいことはいいたくなかったのです。途中で休場をすすめる人もあったのですが、

「べつだん体が悪いわけでもないし、負けたからといって休むわけにはゆかない。あと勝てる自信でもなければともかく、それがないというわけでもない」

といった気持ちで最後までやりぬいた次第です。

ついで昭和十四年の五月場所には全勝しました。そのときの相撲はわたしの相撲のうちでも最もよい相撲だったと評する人もいるのですが、自分としては、これという自覚もありません。体も完全に恢復し、稽古も順調にすすんだことは事実ですが、なにか特別の研究をしたとか、工夫をしたとかということはないのです。ただ前場所の敗戦の体験が、なにかよい意味のきっかけになったのではないか——第三者からみれば、そうした見解も、あるいは成立しうるかもしれません。

＊6 〔年四回の本場所〕 相撲興行は宝暦時代から昭和二十年代はじめまで、年二場所が常態だったが、昭和二年の東西合併により、東京二場所のほかに三月と九月の二回本場所を設けた（ただし番付編成は二回。昭和七年まで）。

＊7 〔春秋園事件〕 昭和七年一月の春場所を前に起こった力士たちと大日本相撲協会の紛擾事件。天龍をリーダーとする出羽ノ海一門の力士三十二名が、力士の待遇改善と協会の改革を要求して、東京・大井町の中華料理店・春秋園に集合し、世間の注目を集めた。俗に「天龍事件」とも。

＊8〔革新団〕　春秋園事件で協会を脱退した「大日本新興力士団」に賛同して脱退した有志十七名で結成された。

＊9〔総あたり戦〕　ここでは「一門系統別総あたり制」のこと。春秋園事件で大量の脱退力士が出たため「東西制」が立ち行かなくなり、東西を問わず取り組む総あたり制がとられることになった（ただし、同じ一門内の直系の部屋同士は対戦しない）。

＊10〔北支〕　広く中国北部のこと。

第五章　相撲のこころ

信仰と土俵

立浪師匠の先輩にあたる雷《いかずち》の弟子に、十両までいった佐賀錦という力士がいました。この人は九州佐賀の出身であるところから、そういう名をもっていたわけです。隠退してからは警視庁に入って柔道の師範などをしていました。たまたまその妹さんに金丸妙正尼《みょうしょうに》という日蓮宗の行者がいて、東京の堀之内——佐賀錦の道場の近くに、教会所をもっていましたが、この人は人間的にみてもなかなか立派な方でありました。

ところがこの佐賀錦の親戚の子どもが、その世話で立浪部屋に入り、やはり「佐賀錦」を名のりました。わたしはこの佐賀錦と親しかったのですが、わたしの十八歳のころのことです。かれに誘われるままに、妙正尼の教会所へ出かけました。はじめは軽い気持ちで、遊びにいった程度にすぎなかったのですが、はからずもそれがきっかけとなって、だんだん信仰の世界へ足をふみ入れるようになったのです。これがわたしの信仰生活への第一歩だったといえましょう。

かねて十分に稽古をつけ、体力が充実し、技倆《ぎりょう》が熟達しても、いざというとき、精神の動揺があったり、気分が硬くなったりすると、平素の実力が発揮できないということも、少なくはありません。勝負の世界に生きるものとして、わたしどもは、ねてできうるかぎりの練習をしておいて、最高のコンディションで場所にのぞみ、れまでに培われた実力を十分に発揮できなくてはなりません。それがためには、しても「気分の整理」というか、「精神の統一」というか、そういった工夫が必要なのです。稽古場では強くても、場所に出ると、その力を十分に出しきれないで、敗北を喫する場合もないではありません。硬くなって力が発揮できないとか、心に悩みがあったり、シコリがあって十分にとれないとか、いろいろな場合があることはさきにものべたとおりですが、要は土俵の上まで、それをもちこむということがいけないのです。土俵にのぼる前に気分の整理をして、虚心坦懐でこれにのぞむべきです。相撲の勝負は一瞬の間にきまるものであるだけに、そういった気分的なものが、はっきりと出てくるものです。わたしの土俵生活と信仰生活とをあえて関連づければ、そうした点に一脈のつながりがあったといえましょう。

昭和十五年の夏場所に、わたしの土俵はまことに不調で、二日目に鹿島洋、六日目に桜錦、十日目に肥州山《ひしゅうざん》、十一日目に五ツ島と、つぎつぎに敗北を喫して、十二日目からはついに休場のやむなきにいたりました。わたしとしては、ひそかに心の苦悶、動揺なきをえなかったのです。わたしは深く感ずるところあって、その直後に、福岡県筑紫《ちくし》郡安徳《あんとく》村から二里半ばかり奥の上梶原《かみかじわら》という山に籠《こも》りました。そこはさきにのべた妙正尼の郷里に近く、尼がお若いころに修行されたところで、その夫にあたる人がそこの堂守《どうもり》を受けもっていました。わたしはそこで約五週間ほど、毎日精進料理をとって、「南無妙法蓮華経」を唱えながら滝に打たれたのです。わたしはこうした生活によって幸い気分の落ちつきを取りもどすことができました。精進料理ばかりをいただいたのですが、体力も衰えをみせず、山を下ったときには稽古にも大いに精が出たことを覚えています。

わたしは、いまものべましたように、かねて日蓮宗を信仰していた関係から、ときどき身延山にもお参りにいったものです。その因縁で、当時の大僧正・望月日謙《もちづきにっけん》上人《しょうにん》の知遇を受けるようになりました。上人は戦後、七十五、六歳の高齢で亡くなられましたが、非常に立派な人物で、歴代の管長のなかでも格別すぐれた方だったときいています。わたしはこの方に非常に可愛がられて、お厨子《ずし》を頂戴したり、お曼陀羅を書いていただいたりしました。冬になると、ご高齢のために、熱海の別院に避寒されましたが、わたしは場所がすむと、よくお呼び出しを受けて、そこへうかがったものです。

ご子息の日雄《にちゆう》上人は、日暮里の善性寺《ぜんしょうじ》の住職で、現在立正大学の理事をしておられますが、いまでもたいへん御懇意にしています。

日謙上人は本山で、毎早朝、お務めをなさったのですが、なにしろご高齢であり、足もご不自由なところへ、居間から本堂までへの距離も遠いために、いつも手押し車で往復されるならわしでした。横綱時代のある日、わたしはこの手押し車を押し

て、居間から本堂まで上人のお伴をしたことがあるのですが、たまたまそのあとで、

「君は右の眼がみえないんだね」

といわれ、ビクッとしたものです。というのは、人に、眼がみえないことを指摘されたのは、これがはじめてだったからで、

「どうしておわかりですか」

とお尋ねすると、

「車を押してもらっておればわかるよ」

と答えられました。いかに不自由でないように装っていても、わかる人にはわかるもので、わたしは日謙上人によって、みごとその盲点を看破されたわけです。

何分にも高徳な老僧です。わたしはいつもお祖父さんに甘えるような気分で接触しました。上人はあまり訓示めいたことはいわれない方でしたから、とくに「言葉」として記憶に残っていることはありません。

戦争もたけなわな昭和十九年ころには、わたしは体力も衰えて自信がなくなり、辛うじて過去の惰性でやっていただけです。ようやく横綱としての限界にきたことを自覚せざるをえなかった次第です。そこで自分の「引退」は時の問題と感じたのですが、いろいろな事情にかんがみて、慎重に発表の時機をねらっていたのです。そのうち戦争はますます激しくなり、遂には敗戦となったわけで、わたしも同年の秋（昭和二十年）となって、いよいよ引退の決意を表明することになりました。

別のところでものべることですが、戦争が苛烈になったころには、平素は九州の太宰府にいて、本場所になるとみなをつれて東京へやってきたものです。昭和二十年には、もうすでに東京の道場も焼かれていたために、部屋の宿所も、お寺や幼稚園を借りて、あちこちを転々とする有り様で、ずいぶん難渋をかさねた次第ですが、最後のころには大宮の氷川神社の社務所を借りて、みなをそこから場所へ通わせていました。だがわたし自身は引退相撲の準備その他の都合もあって、大宮では距離的に不便なところから、両国のホテルに泊まっていたのです。

ちょうどそのころ、向こうの使いだったのでしょうか、呉清源《ごせいげん》氏*11がしばしばわたしの宿へやってきました。呉氏は、自分が中国から日本へやってきた当時のことから語り出して、信仰の問題にも触れ、日本の「よさ」、「ありがたさ」をしきりに説いたものですが、さらに言葉をついで、

「こういうみじめな敗戦のなかにも、日本の再建をみちびく偉い人がいる！　天《あま》照大御神《てらすおおみかみ》の御神示《しんじ》を伝える、万物の象徴のような人がいる！　ぜひ一度おいで願いたい」

と強調したのです。

当時、璽宇《じう》教の本部は荻窪にあったのですが、わたしは遂に呉氏の熱心な誘いに動かされて、家内といっしょにお参りにゆくことになりました。いってみると、本部の二階には荘厳な神殿が設けてあり、そのなかには大神宮さまがお祀りしてあって、自然と頭の下がらざるをえない雰囲気でした。本部には大勢の教師格の信者がいて、みなでわたしを大切にしてくれたのですが、その人たちは口をそろえて、し

きりに、

「現在の日本を再建するには、どうしても大御神の神示を受けて、それを天下に普及せねばならぬ」

といった意味のことを説いたものです。だが璽光尊《じこうそん》自身と言葉をかわす機会はなく、帰りしなに食事をよばれたとき、ちょっと顔をみただけです。

それからも呉清源氏はたびたびわたしの宿へやってきて、

「どうしても本部へこい！」

とすすめるのです。だがわたしとしてみれば、若いものを大勢つれて本場所にきているのですから、「おいそれ」とこれに応ずるわけにもゆきません。そのまま九州にひきあげて、地方巡業の段取りをしていたのです。そのうち璽光尊一行は東京から金沢にうつったのですが、その金沢から、太宰府にいるわたしのもとへ、しきりに勧誘の電報が飛んできたものです。それに、九州の青年で璽宇教の本部にいたものもあったらしく、かれらが帰郷するときに、本部からの「ことづけ」をもってく

るといった念の入れかたです。なにしろ未曽有の「敗戦」という事実に打ちのめされている最中《さなか》でしたから、わたしもふと、

「ほんとうにそういう偉い人がいるのだろうか？」

と、身をもって体験するつもりで、つい出かける決心をしたのですが、その結果がけっきょくあんな始末になったのです。[*12] 出かけるときの気持ちはまことに純真、無邪気なものだったのですが、なにしろ「教育のない悲しさ」とでもいいましょうか、わたしとしては、ただ身をもって体験するというだけで、いわゆる「批判的態度」をとることができず、冷静に判断する余裕とてもなく、すっかり渦中に巻きこまれてしまったわけです。

受けて立つ

わたしの「相撲ぶり」については、これまで世間からも、いろいろと論評を受けてきたのですが、その一つに「受けて立つ」という問題がありました。それに関し

て、念のため一言しておきたいと思います。

もともと「受けて立つ」という取り口には、二とおりあるように思われます。文字どおりに「受けて立っ」て、相手を倒すというのは、その一つですが、これは自分と相手とのあいだに、よほどの力の隔たりがなければ、不可能なことなのです。わたしなどの場合では、相手とのあいだに、それほどの力の開きがあったわけではないのですから、それはいわば「できない相談」なのです。わたしの場合「向こうの声で立つ」――「向こうが立てば立つ」、しかし立った瞬間には、あくまでも機先を制している――換言すれば、いわゆる「後手のさき」で、立った瞬間には自分として十分な体勢になっている、そういう立ち合いだったといえましょう。以上二つの「受けて立つ」は、外形上、結果的には同じようにみえても、内実的には確たる差異がひそんでいるのです。わたしの「受けて立つ」は、相手との力のちがいがさほどではなくても、心がけしだいでできることだと思います。しかも今日のように時間の制限がやかましい時代[*13]には、それに制約されてやむなく立ち上がるよりは、よほど有利な取り口だと信じます。

しかしこの取り口を身につけるためには、いったん土俵にあがった以上は、あらゆる機会を逸しないという心構えが必要なのです。取り組んだときだけが相撲ではない、仕切りがはじまればもう勝負がはじまっている、いな土俵にあがってチリをきれば、そのときすでに試合ははじまっている、こういう心境でのぞむことが大切なのです。


わたしが力水を一度しかつけなかったことについて、世間の一部にはつぎのようなことが伝えられています。

「双葉山は入門当時、『力水』というものは、力士が決死の覚悟で土俵にあがるさいの『末期《まつご》の水』だという厳しい意味を教えられたのであるが、みているとなんべんも水をつける力士がある。どうも腑に落ちないと疑った結果、『力水は一度しかつけまい』と決心した」云々。

土俵にあがってチリをきれば、そのときすでに勝負ははじまっている

なるほど「力水は末期の水だ」という意味は、むかしから伝えられているところです。しかし「末期の水」という観念にとらわれるのはつまらぬことだと思います。そんなことにこだわる必要は少しもないのです。力水をつけることによって気分がととのえられ、それでよりよい相撲が取れるというのであれば、二度でも三度でも水をつけたらよいのです。わたしの場合は、さきのような意味からではなく、「いったん土俵にのぼったら、余分な動作はすまい」という動機から出たことです。さきにものべましたように、土俵にのぼった以上は、もう勝負ははじまっています。無駄な動作をする余地はないのです。ことにわたしは右の眼が悪い関係で、勝負がはじまってから終わるまでのあいだに、できるだけ余分な動作を省きたいと心がけたのです。

序《つい》でながら、わたしの若いころの相撲に、いわゆる「打棄《うっちゃ》り」の多かったことが指摘されています。それはたしかに事実です。あのころは、わたしの体力が十分で

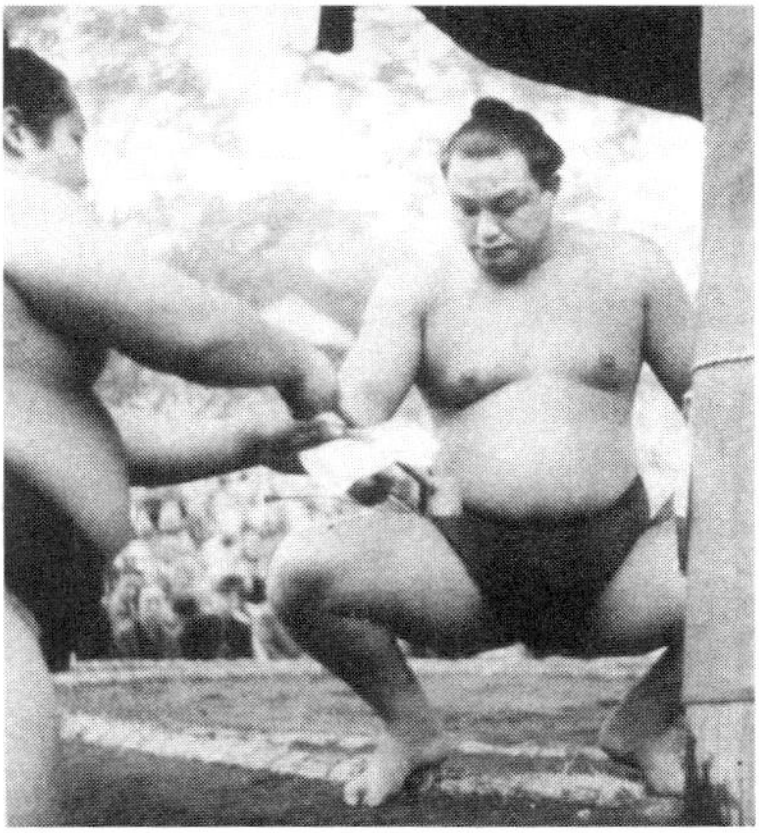

いったん土俵にのぼったら余分な動作はすまい。
その思いから、力水は一度しかつけなかった

なく、しかも「正攻法」の取り口でいったのですから、相手の力に圧倒せられて、土俵際に詰まり、やむなく消極的な打棄りをやることも多かったのです。

しかしその後、だんだん体力が充実してくるにつれて、相撲ぶりも変化し、体力を利用しての積極的な相撲に変わってきたのです。

眼にたよらぬ

相撲の技は、いまさら申すまでもないのですが、頭で考えるだけでは駄目なのはもちろんのこと、頭で考えてそれから技が出るというのでも、駄目なのです。たとえば、「上手投げ」をかけるとします。「上手投げ」をかけようと思って、それからその技が出るようでは問題になりません。こうと思った瞬間には、もう技が出ているのでなければなりません。これは相撲だけにかぎらぬことかもしれませんが、相撲は勝負が瞬間の間《ま》に決着する競技であるだけに、この一点が大切な問題となるのです。「心身一如」とでもいいましょうか、自分の意識と自分の体とが、一枚になりきるのでなければ、勝ちを制することはむずかしいのです。

相手の「隙」をつかむことは勝負のうえに肝要このうえもないことですが、さてその「隙」は、眼で知るのではなく、こちらの体で感得すべきです。自分の修錬がつんでくると、相手の身体的ないし心理的な動きは、ただちに自分の身に感応されるものです。

わたしは小学校にあがるまえ、六歳のときに、はっきりした原因はわからないのですが、――（吹矢があたったためだという人もあるが、自分でははっきりした記憶がないのです）――友だちといたずらをしているあいだに右の眼を痛めました。それからほぼ一ヶ年のあいだ、中津の生島病院に入って治療を受けたのですが、経過は思わしからず、ついには失明にちかい状態で今日にいたりました。

これは相撲の道に志すものとして、身体上の明白なハンディキャップであったことは否めませんが、わたしはそれだけに、勝負にさいしても、できるだけ「眼」にたよらないよう心がけ、右眼の影響が自分の相撲のうえにあらわれないよう工夫しました。これはさきにのべた、体で相手の動きを感じとり、体で相手の隙をつかむ修錬のうえに、かえって有益であったと思われます。一種の「逆縁」とでも申しましょうか、自分の盲点が自然によい結果を生み出すことになったわけです。

眼が悪いといっても、なにしろ子どもの時分からのことで、いわば「生まれつき」みたいなものですから、両眼が完全に備わっている便利さというものは、知らなかったも同然です。だから普段は、自分の眼の悪いことに、べつだんの不自由さを感じたこともありません。しかし隻眼だけで相撲を取るというのは無理なのでしょう。疲れたときなど、かすんでくることがあり、しかも悪いほうの眼もまったくみえないのではなく、いくらかはみえる、それがかえって邪魔になる感じでした。そんなわけで、緊張した立ち合いの瞬間などには、うすい影のようなものがまつわりついて、対象がふと二つにみえることもありました。こういう事情もあって、さきにものべた「眼にたよらぬ」立ち合いの習慣も、人一倍、身につけることができたように思われます。またわたしがかねがね「気持ちの統一」という方面に心がけるにいたった熱意も、そういうところから出てきたとも考えられます。「眼にたよらぬ」と一口にいっても、それはやはり「精神の統一」を前提とするのでなければ、とうてい不可能なことなのです。「眼にたよらぬ」ということは、「体ぜんたいでみる」ということ、「心でみる」ということ、「心身一如でみる」ということにほかならぬからです。

「シコリ」をつくらぬ

全盛時代のわたしが、周囲から研究の対象にされたことは、当然の運命でありましょう。十六ミリの映画によって欠陥を研究されたなどという話も、あとで伝えききました。相撲には作戦も必要に相違ないのですから、そういう研究ももちろん参考にはなるでしょうが、相手がどうであろうと、自分には自分の特技があるはずです。それが平素の練習不足で、不十分であったら、なんにもなりません。たとえば、相手は「右四つ」が得意だから右を殺してゆかねばといってみたところで、自分が不十分であったならば、けっきょくのところは同じところに帰するわけです。相手いかんによって、それぞれの癖を知るべきはもちろんですが、わたしはそれによって自分の相撲を変えることはしなかったつもりです。

横綱の地位についてからも、やはり精神面の問題が大切だったと思います。横綱が普通の力士とやる場合に、相手と同じように硬くなるようでは問題にならないのです。もともと横綱ともなるほどの力士は、衆《しゅ》にすぐれた力量を備えているはずであるのに、時折横綱の敗北という現象がみられるのは、やはり気分的に硬くなったり、調子をおとしたりするからではないかと思われます。わたしは心ひそかに、そういうことのないようにと、心にかけてきました。いつかある席でそんな話をしていたら、元笠置山《かさぎやま》の秀ノ山から、

「そういう風だったから、勝てなかったんだな」

といわれました。

全盛期の横綱立ち姿。揺るぎない精神力がその強さを支えた

要は、体にも気分にも、いわゆる「シコリ」をつくらぬように心がけて、かねて修錬した実力を、十分に発揮しなければならないのです。地方巡業中に鍛えあげた実力をひっさげて、狂いのない気持ちで本場所にのぞむことが大切なのです。

わたしが連戦連勝をつづけていたころ、世間では、

「双葉山は百連勝をめざしている」

などと噂されたものですが、わたし自身にしてみれば、まったくそういう気持ちはもっていなかったのです。事実そんなことを考えていたのでは、そうでなくてさえ硬くなりがちな自分自身がついそれにこだわって、いっそう硬くなり、とうてい相撲に勝つことは覚束《おぼつか》ないのです。わたしとしては、その日その日の勝負にベストを尽くそうとしたばかりです。するとのちには、自分で自分の相撲を楽しむといった気分で、土俵にのぞむことができるようになりました。ある人から、

「君はいったい硬くなっているのか、いないのか、さっぱりわからん」

といわれたのも、ちょうどそのころのことです。

怪我をせぬ

わたしは、約二十年にわたる土俵生活のあいだに、ほとんど怪我というほどの怪我をした経験がありません。それについて、知人などから、

「なにか特別の工夫でもあったのか」

ときかれることもあるのですが、その問いにたいしては、いってみれば、

「運がよかったのだろう」

と答えるしかないのです。だがあえていえば、無理をしなかったところに帰着するともいえましょう。


むかしから相撲には、「基本の型」というものがあって、とられた手をぬくときはどうとか、転ぶときはどうとか準備運動はどうとか、といった具合に、そのなかにはそれぞれ長いあいだの歴史的な経験が、しかと結晶しているわけです。怪我はたいてい「型はずれ」の動きをした場合に起こりがちなことで、「型」に則りさえするならば、相撲ほど怪我の少ない、安全なスポーツはないとすら思われるくらいです。

この道に足をふみいれたほどのものは、だれしも「基本の型」くらいは心得ておらぬはずもないのですが、それもただ観念的に承知しているだけでは、問題にならないのです。それを十分に身につけることこそ肝要なのです。それをしっかりと自分自身の体に消化しきって、とっさの無意識裡に、おのずから外へ発現されるようでなくてはならないのです。

わたしが怪我をしなかったことについては、べつだんの工夫があったわけではありません。ただいくらか平素から「基本の型」に則った相撲を取ろうと心にかけ、ひそかに「型はずれ」を戒めてきたことだけは事実です。その自然の結果が、そういうことになったものかと思います。さきにわたしが「無理をしなかった」といったのは、実はそういう意味でもあったのです。

わたしは若いころから、いわゆる「ケレン」のない相撲を志してきたものですが、そのこともやはりいまのべた「基本の型」という問題に深いつながりのあることです。「基本の型」をたんに頭に描くだけではなく、これをしっかりと身につけて、それがいつ、なんどきでも、場所の土俵の上にあらわれるようになったとき、いわゆる「ケレン」のない相撲ぶりも表現されてくるわけです。やはり「道は足下にあり」といえるのではないでしょうか。

人気に酔わぬ

初歩のころから、「未来の横綱だ！」とか、「将来の大関だ！」とかいわれて騒がれた有望な力士のなかには、往々にして中道で挫折し、終わりをまっとうしなかったものも、少なくはありません。なにしろ厳しい勝負の世界のことです。いわゆる「人気」が、本人のはげましになることもあれば、また逆にそれが心のゆるみを導き出すことも、ないとはいえないのです。

わたしは、幸か不幸か、若いころには、あまり騒がれなかったほうなのです。それだけに、初歩の時分の甘い「人気」によって、自分の将来を毒されたという経験もなく、ただ黙々として一途に稽古にはげむことができました。

後日、大関にのぼったときでも、世間ではどうみていたか、知るよしもありませんが、自分自身としては、体も力士として、そんなに大きいほうではなく、「横綱になれる」などとは考えてもみず、やがていよいよ横綱になったときには、かえって面はゆい感じがしたくらいです。

しかし、ひとたび横綱の地位にのぼってみると、そこに大きな責任感も湧いてきて、いっそう稽古に精進してその地位をはずかしめないだけの努力をつづけなければならず、騒がれれば騒がれるほど自己に鞭うって、一にも稽古、二にも稽古、ただ稽古一途にすすむほかはなかったのです。

それについて思い出されることなのですが、わたしは、横綱になる直前、昭和十二年五月場所の千秋楽に、たまたま横綱玉錦と組むことになり、「下手投げ」でこれを破ることができました。

そのころちょうど、例の『宮本武蔵』を執筆中だった吉川英治さんは、九州方面の旅行から帰ったばかりのところを、その日、わたしの友人である中谷清一氏にさそわれて、場所へやってこられたようです。吉川さんは、その前後のことを、当時の『東京朝日』紙上の『武蔵落穂集』のなかに書きとめられたものですが、まず中谷清一氏については、つぎのように記されています。

「大阪の中谷清一君が、何でもけふの双葉山と玉錦のすまうをみろといふ。中谷君は堂島の人であるが、双葉山をその無名時代から鞭撻し、ひいきといふよりは、双葉山にとっては無二の心友なのである。

双葉山をして相撲道の宮本武蔵に大成させ、自分の晩年は灰屋紹由《はいやじようゆう》のやうになりたいといってゐる人である。」

ちなみに灰屋紹由（一六二二年没）という人は、紺染にもちいる紺灰の問屋を営んだ京都の富豪で、連歌や茶道や蹴鞠や書道などに通じた、当時第一流の風流人であったときいています。

吉川さんは、それに引きつづいて、当日の勝負の模様などを書いておられるのですが、場所のあとで、中谷氏の招きを受けて、安岡先生や*14吉川さんともお会いした一夕の模様を、たくみな文学的表現に託して、つぎのように描写されています。

「場所の後で、その中谷氏の席で双葉山と落合ひ、僕ら四、五人食事してゐると、この人気男を繞《めぐ》って、八方から客席の電話だの、妓《おんな》たちの狂態に近い歓声があつまってくる。人気といふものは浮気ないたづら者である。双葉がもし次の場所に黒ボシの過半数も取れれば、この雰囲気は何処かへ行ってしまふのだ。

低い所から落せば欠けない物を、勝手に高所までさし上げて行って落すのが人気の特質である。作家の場合などよりももっと痛切に相撲取などはそれを感じるにちがひない。何とかいふ殿様だの、三菱の重役連だのといふ電話も頻々《ひんぴん》とかかってゐたが、双葉山はその間に、田舎の父親の事でも思ひだしてゐるらしく、無口に酒を舐めてゐるだけだった。

誰かが色紙に寄せ書きをし始め、彼もそれへ穐吉定次と不器用な手つきで書いたので、僕も端へ一句から書いて、そばにゐる安岡正篤《まさひろ》氏に示したら、おもしろいと同感してくれた。だが双葉山には同感か何《ど》うか。

江戸中で一人さみしき勝角力《かちずもう》」

勝負の世界に生きる力士にとって、人気はありがたいものでもあれば、またある意味ではこわいものでもあるのです。さきにものべましたように、わたしどもは人気によってはげまされることもあれば、それによって弛緩することもありうるわけです。酒井忠正氏[*15]は、ある本のなかで、わたしのことを、「人気に酔わぬ」と評せられ、恐縮にたえない次第ですが、わたし自身としても、

「できれば、斯《か》くありたい」

と心がけたことは、事実だと思います。その意味で、さきにあげた吉川さんの一文は、なにかなく当時のわたし自身の心の奥に秘められた、ひそやかな心情の一端に触れるものを含んでおり、いまなお「知己の感」を禁ずることができないのです。

さほど強くない

「双葉山はそんなに強い力士ではない。だがこの人は、どの相手よりもただ一枚強いだけだ」

いつかある人がこう評したことがあるのですが、これは考えてみると、なかなか面白い批評です。「相撲に強い」といえば、世人はとかく格段の力量の差を頭に描きがちなものです。なるほど、むかしから伝わっている強豪力士のように、体力、技倆《りょう》ともに群をぬいていて、相手によっては、まるで子どもでも扱うようにしたという例もないではありませんが、わたしの場合にはそんな強さはなかったのです。

わたしは技倆においても、体力においても、べつだん衆《しゅ》にすぐれた素質があったわけではありません。ことに腕力にかけては、むしろ弱いほうだったといってもよいでしょう。当時の幕内では、大邱山《たいきゆうざん》やわたしは、いわゆる「非力」の双璧といわれたくらいです。それだけにわたしは強引な相撲は取れなかったのです。ところが、いわゆる「腕の力」と「相撲力《すもうぢから》」とはちがったものです。力士のなかには、腕力の非常に強いものもいるのですが、ただそれだけでは、自分だけいかに力んでみても、相手にはさほど応えない場合があるのです。「相撲力」というのは、下腹と腰から出てくる力——要するに体ぜんたいから出てくる力で、訓練により、体力の充実にともなって、備わってくるものです。

その意味で、わたしは体格や力の点では、力士として抜群ではなかったのですが、もしいくらかでも取柄があったとすれば、少年時代の海上生活で身につけることのできた「腰の力」——詳しくいえば腰から下の安定感、つまり小舟で櫓をこぐときの腰と足の爪先、とくに親指との「力」のコンビネーション——がものをいったことで、腰の重い点ではいささか自信もあったわけです。

「双葉山は二枚腰だ」

とよくいわれましたが、その「二枚腰」というのは、いったいどんな意味なのか、自分にもよくわからないのです。だがそれはおそらくは、いっぺん腰がくずれても、もう一つの腰が残っている、というほどの意味でもあろうかと思います。だとするならば、これは自分でも自覚していたところなのです。

なお、わたしは入門してから入幕まで毎年、一貫匁（約四キロ）ずつ体重がふえたのですが、大関、横綱になってからは、そのスピードも急速化してきました。別のところでものべますように、体重が重要な要素をなしている相撲では、体力をとのえることは、強くなるための必須の要件です。したがって上位になればなるほど、体力もこれに比例してこなくてはなりません。体力がつくにつれて、技のうえにも新生面がひらけてくるのですが、またその技を身につけるためには、さらに体力の充実が必要である——こういった因果関係がみられるのです。稽古をして技の要領を会得しても、これを場所の土俵に実現するには、体力がなくてはならぬわけです。わたしが「一枚だけ強い」といわれたのも、さきにのべましたように、わたしの体力が漸進的に充実し、またそれに伴って相撲の技倆もしだいに伸びてきたという事情とも、無関係ではあるまいと思います。

こんなことから、師匠は新たに入門した弟子がご飯をたくさん食べるのを喜ぶものです。

「こんどの新弟子はよく食うぞ！」

といって、眼を細くする人もいるくらいですが、体力の将来性にひそかに期待をかけるわけです。体力については、素質ももちろん必要なのですが、どちらかというと、はじめから大きいものより、鍛えてだんだん大きくなったもののほうがよいようです。

＊11［呉清源］大正3年生まれ。中国・福建省出身。囲碁の棋士。昭和3年に来日し、以後、日本囲碁界の第一人者として君臨した。

＊12［璽光尊（じこうそん）事件］引退、断髪後の昭和二十一年暮れ、双葉山が囲碁の呉清源に誘われて璽宇教（じうきょう）という新興宗教に走り、金沢に雲隠れした事件。翌年一月、教祖が警察につかまり、双葉山は保護された。

＊13［時間の制限がやかましい］そのむかしは、両者が立ち合うまでの仕切りに制限時間はなかったが、昭和三年ラジオ放送開始にあわせて制限が設けられた。幕内の制限時間ははじめは十分、十七年に七分、二十年に五分、二十五年に四分となり、以来現在に至っている。

＊14［安岡先生］安岡正篤（まさひろ）。明治31年－昭和58年。大阪市出身。日本の陽明学者で東洋思想家。

＊15［酒井忠正］明治26年－昭和46年。貴族院副議長、農林大臣。横綱審議委員会初代委員長。

第六章　双葉山道場

双葉山道場

昭和十六年ころ、わたしは現役の横綱のままで、東京に「双葉山道場」を建設し、またのちになって九州の太宰府にもこれを設けました。現役横綱で道場をもつというのは、あまり例のないことです。玉錦もやってはいましたが、あの場合は師匠が亡くなってその後をつぎ、年寄と力士との、いわゆる「二枚鑑札」だったわけですから、わたしの場合とはやや事情を異にするものです。

どうしてわたしは、そういう発足をしたのか――これもよくきかれる問題ですが、当時この道を志すもののなかには、わたしをたよってきて、指導を受けたいと希望する青年も多かったのです。そうした周囲の事情にも刺激されて、ひそかに、

「横綱として現役にあるうちに、弟子の養成をしてみたい。自分がこの身に体得したかぎりのものを、それが自分の体に生きているあいだに、若いものに伝えておきたい」

と考えるようになりました。そこで師匠の諒解も得、協会にもとくに認めてもら

って、双葉山道場をつくったわけですが、「部屋」といわないで「道場」といったのは、わたしが現役であったからです。したがって引退してからは、現在の「時津風部屋」に変わったわけです。ちなみに、当時わたしは横綱一代年寄制*16によって、「双葉山」を名のることを許されていたのですが、先代から譲り受けた「時津風」の株をもっていたので、けっきょくそれによったわけです。

道場の「理想」はどんなところにあったのか——これもよくきかれることなのですが、べつだん変わったものはありません。だれしも力士を志す以上は、相撲に強くなることがその目標です。だから力士にとっては「強くなること」が理想であり、道場としては力士を「強くすること」が理想なのです。大いに稽古にはげみ、大いに修行して、相撲の技を身につけると同時に、相撲の精神面もこれと並行的にすすみ、人格的にも自分を鍛えてゆかなければならない——これは、力士としてもちろんのことです。しかし相撲の協会や部屋は、一つの思想団体でもなく、修養団体でもありません。これを率いてゆくむずかしい思想――そういう意味での理想といったものはないわけです。ただひたむきの猛練習があるばかりです。

どんな方針で弟子を教育しているか――これについてもべつだんの変わったことはありません。どの弟子にしてもわたしをたよってきたものであり、またわたしとしても人さまの大切な息子さんを預っているのです。無責任な扱いはできません。あくまでも親切にみまもってやりたい気持ちです。いろいろな場合に応じてそのときどきにふさわしい体験を語ってきかせることもありますし、間違いがあれば注意をしてやることもあります。しかしともかくも一所懸命にやってさえおれば、わたしはあまり文句はつけないほうです。

「時津風は稽古をみていても、あまり小言をいわない」

などと評する人もあるようですが、性格のせいもあるのでしょうか、みずから意識してそうあろうと心がけているわけでもありません。

双葉山道場では、弟子の養成にはげんだ

力士は入門して何年かたつと、技に関する理屈はたいがい覚えこんでしまうものです。専門の力士ではなくても、素人にだってある程度のことはわかるものです。碁や将棋の場合であると、高段者の手合わせをみても、容易にわからないのが普通ですが、相撲の場合であると、子どもでさえ、ある程度のことはわかるのです。それほどに相撲は一般人のあいだになじまれているわけです。いわんや専門力士ともなれば、相撲の技について一応の知識を備えていることは当然の話です。ところがその知っていることが、実際の場にあたってやれるか、やれないかという問題になると、それはおのずから別個の事柄です。常識では知りすぎるほど知っていても、体がいうことをきかないといった場合が多いのです。そこで正しい稽古を通じて、頭ではよく知っていることを体で実現できるよう、相撲を身につけさせてやることが指導の眼目というべきです。要は訓練の一点に帰するわけです。

戦争で世の中が変わったほど、相撲の世界や力士の気風が変わってきたとも思えません。なるほど終戦となって自由主義が華やかとなり、相撲界にもその影響が及ばなかったとはいえないでしょう。以前よりは若いものの意思も尊重され、空気も次第に変わってきています。しかしさほどに変わっていないということも事実です。「相撲界は封建的だ」ともいわれますが、むかしからの制度や指導方針について、現今の新しい思潮にかんがみ、直すことのできる点は、できるだけこれを是正してゆかなければならないことは、もちろんです。

ただわたしどもには一つの目標があるのです。それは「相撲に強くなる」ということです。そのための制度であり、そのための機構なのです。「相撲に強くなる」という目標を達成するために最も好適な制度でやってゆくほかはないのです。世の中の空気が変わってきたからといって、ただちに指導の性格を変えてゆくということは、実際問題として無理な話です。新しい時代のやりかたというものも、ありうるでしょうが、これこそほんとうによりよい制度だといいきれるものは、まだみあたらないように思います。こんなわけで、いかにデモクラシーの世の中だからといっても、これを浅薄に解釈して、いちがいに力士を放縦にさせておくわけにもゆかないのです。

わたしといっしょに大関にすすんだ鏡岩は、そのあとずっと、わたしとの親交をつづけていたのですが、師匠が亡くなってからそのあとをつぎ、「粂川《くめがわ》」を名のって弟子の養成をしていました。ときにたまたまわたしが道場を建設することになって、かれはわたしの趣旨に共鳴し、

「自分もそちらの弟子にしてくれ」

といって、若いもの二十人ばかりをつれて合流し、わたしといっしょになったのです。その鏡岩もまもなく若くして故人となりましたが、そのころ入った弟子のなかから、横綱鏡里や、関脇までいった不動岩（のちの粂川）などがあらわれたわけです。むかしの弟子のなかから鏡里のような横綱が出たことについて、鏡岩もさぞかし地下で喜んだことでしょう。

太宰府の道場は、東京のそれより後れてつくったのですが、これは力士よりもむ

しろ一般人を対象としたものです。わたしが始終そこへいっていたわけではなく、べつに指導者をおいて、平素はそれに一任しておきました。

当時は、時勢の影響もあり、文部省の方針によって、相撲が学校の正科にも編入されるといった趨勢でありました。相撲は、いわゆる「玄人」——専門力士の独占物でなく、日本人であるからには三歳の童児といえども、なおよくこれを知っている競技です。それはいわば、国民生活のなかにしみこみ、その一部と化しているわけです。だがほんとうの正しい相撲は、人々のなかに消化されきっているでしょうか。相撲を知らぬものはないが、正しい相撲はよく摑まれていないというのが、ありのままの実情ではないでしょうか。だから学校で正科になっても、父兄などから、

「相撲をやるのはいいが、怪我をして困る」

といった式の苦情なども出てきたものです。べつの箇所でものべたことですが、わたしにいわせれば、相撲くらい怪我の少ないスポーツはないはずです。そこに正しい相撲を練習する必要もあるわけです。

わたしもよく学校へ出かけていって指導したものですが、学校の先生ご自身でさえ、正しい相撲の在りかたをよく理解しておられなかったようです。そんなわけで、太宰府の道場は、文部省の指導方針に則って、学校の先生がたや青年団の幹部の人々に、正しい相撲を会得し体得してもらうために設けたものです。その点で東京の道場とは、いくらかその目標を異にする施設でした。戦争が激化したころには、わたしもほとんど太宰府にいて、みずからその指導にもあたった次第です。

戦争が激化したころには、相撲も軍の管轄下におかれ、地方への巡業もそれまでの形式では許されなくなりました。力士たちの生活もいままでのようには、やってゆかれなくなったのです。本場所も、屋根の下ではできなくなって、後楽園[*17]などといった野球場を利用したこともあるくらいです。

力士も徴用を受けて、勤労奉仕隊を組織しました。午前は勤労奉仕をし、午後は相撲を取って職場慰安をするといった日暮らしでした。その時分から、力士の生活様式も変わってきて、その体重もだんだん痩せてくる始末でした。もちろん兵隊にゆく力士もいて、その数は日々に減り、それだけに本場所もやりにくくなったのですが、かといって本場所をやらなければ、若い力士の出世の機会もなくなるわけですから、強行されたものです。*18

当時わたしは本場所以外は太宰府を本拠として、九州各地の工場や鉱山を巡回しました。それは職場慰問と勤労奉仕をするためで、応召以外の六十人くらいの若いものが、わたしと行をともにしたのです。そこで、本場所の時期がくると、みなを連れて東京へ出かけたわけです。ところが昭和二十年三月の空襲で両国の道場を焼かれ、五月にはまた中野の宿所を焼かれました。食べものもなく、転々としながら、力士生活の最後の一線を守る苦労は容易ではなく、一時はどうなることかと思い悩んだものです。

しかしわたしが、いつもみなといっしょに歩いてきましたから、部屋の若いものもちりぢりにならず、最後には他の部屋に比べて、いちばん大人数なくらいで、これは不幸中の幸いであったと思われます。あれから終戦となり、今日となって、再び相撲界の盛況をみるにいたりました。思えば今昔の感にたえない次第です。

弟子の肖像

部屋には、たくさんの力士がおりますが、前頭以上は、現在のところ七名です。横綱の鏡里は、鏡岩が弟子といっしょにわたしの道場に合流したころ、鏡岩をたよって入門した力士です。同郷の先輩にあたる鏡岩と大ノ里にあやかるようにというので、「鏡里」という四股名で、初土俵をふんだわけです。かれは、現在ほどではないにしても、はじめからなかなかよい体格でした。入門当時から、わたしが引き受けて指導しました。非常に真面目で、口数も少なく、稽古熱心な力士でした。はじめは順調にすすんだのですが、幕下にあがった時分に、たまたま膝をわずらって、なかなか癒《なお》らず、患部に水がたまったりなどして、ずいぶん難渋したものです。病状に起伏が多くて非常に長びき、いまでも完全には癒りきってはおらず、そこに、世間でもいわれるように、かれの欠陥があるわけです。幕内、三役時代にもずっとよくなく、まことに気の毒に思ったのですが、かれとしても、この欠陥を十二分に意識して、これを克服するためにベストを尽くしました。その努力はたいへんなもので、それがあったればこそ、今日の地位を獲得しえたものと思います。それに加えて戦時中には兵隊にもいったりして、伸びが後れましたが、これもまた持ち前の真面目な努力で取りもどすことができたのです。なにかにつけて、親孝行で、師匠思いの男です。

大関の大内山は、佐賀錦関が、わたしのところへつれてきた力士です。常陸の平磯で船にのっていたのですが、あまり大きいために、力士を志願することになったものです。当時から背が高かったので、兵隊にもとられず、順調にすすみました。ただ約三年ほど前に、顎の病気にかかって、まる一年も入院したのは、本人としても残念であったろうし、わたしとしても気の毒にたえなかったわけです。かれは性質が非常に内気で、むしろ「気が弱い」といっていいくらいの男です。東京へ帰ると、よく家の子どもたちといっしょになって遊んでいます。童心満々で、いまでも子どもみたいなものです。

双ツ龍は戦後入門した青年です。わたしが九州の太宰府にいるとき、出身地の北海道室蘭から、はるばるわたしをたよってやってきました。本人の兄も力士で、二所ノ関部屋にいましたから、その影響もあって、この道を志したのでしょうが、兄のいる部屋へはゆかず、

「俺は双葉山の弟子になるんだ」

といって、自分一人で飛びこんできたものです。それだけに非常に稽古熱心で、入幕も早かったのです。入幕して上位になったからには、体力もこれに伴って充実してこなければなりませんし、相撲の技もしっかりと身につけなくてはなりません。大内山と対照的で、向こう意気は強いのですが、何しろ年数も浅く年も若いので、まだまだ相撲に雑なところが蔽《おお》えません。すべてはこれからです。その意味でいま

はいちばん大切なところです。

若葉山は部屋では古いほうの力士です。わたしが満州を巡業したとき、あちらで入門したのでした。いまでもそうなのですが、当時から体は小さいほうで、稽古の力であそこまでゆけたわけです。いわば技能賞型の力士で、俗にいう「業師」のタイプに入りましょう。

泉洋《いずみなだ》は大阪府——泉州佐野の出身で、学生相撲の経験者です。小兵ながら稽古熱心で、前さばきがよく、若葉山と同じように技能賞型の力士といえましょう。やがて体力が充実してくれば、上位にすすむことも不可能ではあるまいと思います。

潮錦は熊本の出身で、入門当時から体格はいいほうでありました。だが幕下にのぼって、これから伸びるという肝心なところで、兵隊にいって、その期間もずいぶんと長く、ひところは戦死まで伝えられて、一同案じたものです。しかしもどってきてからは、その空白を取りもどすために、非常に勉強しました。ただ右の事情で、今日にいたるまでに、いささか年数を要したのは、気の毒な次第です。

時錦は、さきにのべた双ツ龍と同じく、終戦直後、わたしが九州の道場にいる時分に、入門した力士です。筑前新宮の生まれで、兄弟そろってよい体格です。まだ年も若く、体の充実をみるのも、これからですから、本人としても目下大いに勉強中です。

無限の道程

相撲の道は遠くして、また深いものです。

多くの先人たちは、長いあいだこの道に精進し、研究錬磨の結果、今日の相撲道を築きあげてきました。もちろんその間には、盛大をきわめたこともあれば、衰亡の危機に瀕したこともないではありませんが、よく国技としての伝統を維持しつつ今日にいたったということは、先輩の努力もさることながら、相撲が剛健かつ濶達なわが国民精神に合致するところがあったからでありましょう。わたしたちとても、先人の貴重な遺産を受けついで、この道をよりよきものにしようと日夜努力を怠らなかったつもりではありますけれども、何分にも太平洋戦争の大きな波は相撲道にも大きな影響を及ぼし、先人たちの多年の成果に多少の動揺があったことは否めません。戦後の混乱時代に、この道が衰微のきわみに達したことは周知のとおりです。ところが近年、しだいに内容の充実をみ、またよい力士の輩出をみるに及んで、その人気を盛りかえし、興隆をうたわれるようになってきたことは喜ばしいかぎりです。しかしわたしどもは、決してこれに満足しているわけではありません。問題はむしろこれからです。

現在は、近代相撲への過渡期にあたる時期だと思います。長い伝統のうえに立っている相撲ではあっても、近代的な国民の生活や精神に適合して、そのよさを取りいれてゆくところに、新しい進歩と発展のみられることは論を待たないところです。しかしそれは、いくたの先人が血と汗によって開拓し、立派な伝統として残していってくれた相撲道を真面目に受けつぎ、その精神と技倆を身につけうるよう研究努力することと結びつかなければならないのです。

わたしはすでに現役を退きましたものの、いまでも相撲道の一行者として、過去におけるいささかの経験をもとにして、後進の指導養成に後半生をささげている次第ですが、いまにして、相撲の道の遠くして、かつ深く、究めようとして究めつくすことのむずかしい無限の道であることを痛感しているものです。相撲道の興隆といちがいにいっても、理屈だけでうまくゆくものではありません。ほんとうの技を体得した力士が一人でも多く出ることが必要です。先人の道をつぐよい後継者が輩出することが肝要です。このような後継者の養成はなかなか容易ならぬ仕事ですが、わたしはこれを自分にあたえられた天職と信じて、努力をつづけている次第です。

＊16 「横綱一代年寄制」「横綱は引退後、現役名のまま、年寄名跡がなくても、一代限りにおいて年寄として優遇する」という、地位による制度（現在は廃止）。いまの「一代年寄」は協会に著しい貢献のあった横綱にたいしてのみ贈られている。
＊17 「後楽園」 戦争激化のため、昭和十九年の五月と十月には、後楽園球場に土俵を設けて本場所が行われた（晴天十日間）。
＊18 「本場所」 力士の技量を審査するために行う相撲競技。昭和二十三年まで原則として年二場所制。

第七章　力士と条件

相撲の厳しさ

相撲は一面いちばん簡単なスポーツで、またそれだけに他面、いちばんむずかしいスポーツだともいえましょう。直径十五尺[19]（約四・五五メートル）という小さな円の中で勝負をあらそうわけですが、「土俵を出たら負け」・「足の裏以外のところが土についたら負け」というように、勝負規定のかくも厳しい競技は、ほかにないように思うのです。しかも一瞬の間に勝負がきまってしまうのですから、いよいよもってむずかしいわけです。外国人たちも相撲をみて、

「あんな小さな体と大きな体を取り組ますことは、不公平ではないか」

などといって不思議がるのですが、やはり独特の厳しい勝負規定があればこそ、小さな体のものでも、技によって、大きな体のものを倒すことも可能となるわけです。

むかしの節会《せちえ》相撲、[20]武家相撲[21]は「組打様式[22]」のもので、土俵の制限もなく、その規定はゆるやかなものだったと思われますが、その後勧進相撲[23]ができ、専門力士の

出現をみるに及んで、その技や勝負規定などがいろいろと研究されながら、今日に伝わってきたものです。時代によって多少の変化があったと思われますが、近代となって直径十三尺（約三・九四メートル）の土俵にまでいたったわけで、そこに勝負の厳しさもあらわれてきたのです。

そうするとまた逆に、鑑賞者の側から、仕切時間の長さ、勝負の呆気なさが問題とされるようになりました。相撲は専門家だけで楽しむべきものではなく、観客があってはじめて成り立つものである、相撲は観客からみて面白いものでなくてはならない。——こういう見地から立ち合い時間が制限され、土俵の直径も十五尺に拡張されて、今日の規定にいたったわけです《註＝戦後米軍が進駐したとき、かれらも相撲の呆気なさを慊《あきた》らなく感じたところから、さらに一尺（約三〇・三センチ）ひろげて直径十六尺（約四・八メートル）の土俵が実現したのですが、それは力士会の反対で、一場所だけに終わりました》。十三尺時代と現在とを比較すると、相撲の技のうえにも多少の変化がみられることは当然です。

力士と体重

この道に入った以上、だれしも、よい体になろうとつとめるのは当然です。力士としてはべつだん大きいほうでもなかったわたしなども、いつも大きくなろうと願ったものです。世界中のスポーツのなかで、「体重」という要素が相撲ほど重要視されるものはありません。相撲の勝負では、体重があるということは、絶対的に有利な条件ともいえるのです。

ところで、これは大阪のあるお医者さんが研究したことなのですが、力士の生活状態をよく調べてみると、体が肥るようにできているのだそうです。朝起きて朝食をとらずに稽古をする。——これは激しい運動の前に食べものを入れると、胃を悪くしたり、息ぎれがしたりするので稽古前にはものを食べないという習慣からくるもので、むかしは粥をすすったときいていますが、いまでは一切朝食ぬきです。稽古を終えれば入浴して、それから朝・昼兼用の食事をする。それがすむと今度は、頭をつかわずに三十分ばかり横になる（それはあまり長い時間ではいけない）。それから午後の土俵で軽い運動をやれば、それでその日の仕事は終わりです。こういう生活状態をつづけておれば、体が大きくなってくるのは当然だ——という話をきいたことがあります。下位の力士が関取格に昇進した場合に、急速に体力が充実してくるのは、いまのべたような条件にめぐまれているからだと思います。

体力が充実してくると、相撲も無理がきいて、技も積極的になり、勝負をするうえに有利になってくるものです。力士としてはぜひとも肥りきらなければならぬわけです。「肥りきる」というのは、自分のもっている体力上の素質を、節制や鍛錬によって十分に伸ばすことです。「肥る」といっても、ただ「肥る」だけでは駄目なのです。それは鍛えられた「大きさ」でなくてはならないのです。わたしども力士の世界では、

「俺はほんとうはもっと強くなれたんだが、肥らなかったから強くなれなかったのだ」

という弁解は成立しないのです。体力が勝負の条件となる以上、力士は肥ることに努力しなければならないのです。力士は「肥る」責任をもっているといっていいでしょう。力士にとっては、肥ることがひとつの修行過程でもあるわけです。さきに「肥りきる」といったのには、こういう意味も含まれている次第です。

わたし自身の過去をふりかえってみても、体重の増加とともに、その取り口も自然に変わってきたと思います。

巡業と稽古

力士は本場所以外は、地方を巡業しながら腕をみがくわけですが、その成果をもってやがて本場所にのぞんだときには、いわば「試験」を受けるようなものですから、巡業中に勉強を怠ったものは、本場所でよい成績をあげることはとうてい不可能です。地方から本場所へ帰ってきて、それからいよいよ場所のはじまるまでに稽古の期間がないわけでもありませんが、場所前にあわてててやる泥縄式の稽古では、むしろ疲れるばかりです。場所前の稽古は、巡業中の稽古の「仕上げ」にあたるものですから、やはりなんといっても、長い巡業中のたゆまぬ精進がものをいうのです。巡業中に精進これつとめて、やがて本場所ともなれば、最上のコンディションでのぞむ用意が必要なのです。

地方巡業中の力士は、甲地から乙地へ、乙地から丙地へといった具合に、転々として場所を移動して、不断に変化する環境に身を投げこむわけです。

「力士は日本中いたるところを回るので、見物ができていいだろう」

といわれるのですが、それどころではありません。

これは初心のものにとっては、なかなかつらい生活条件なのです。ときたま、ファンのなかには、地方巡業に同伴して、回る人もあるのですが、そういう人たちも、たいていは十日もたつと、ついて回るという、ただそれだけのことで、ヘトヘトになるといわれるくらいです。ところが力士にしてみれば一日一日と移動するというだけではなく、たえず気持ちをととのえて、肝心の猛稽古をつづけなければなりません。その間の苦労は並大抵ではないのですが、いやしくもいったん力士を志した以上は、どうしてもこれに堪えぬかなければなりません。しかし習慣は恐ろしいもので、だんだん経験をつんでくると、これが苦痛でないばかりか、四日とか五日とか、一つところに滞在がつづきでもすると、かえって退屈で仕様がないといった気分にさえなりうるものです。

巡業中に懸命に稽古をしても、その成果はすぐあらわれるとはかぎりません。夏なら夏の巡業中の稽古は、秋になってはじめてその効果をあらわすというのが、むしろ常態です。巡業中に、

「毎日こんなに稽古をしていながら、自分はどうして強くなれないのだろうか」と悩む場合もないではありません。いわゆる「稽古ぼけ」におそわれることもありうるわけです。また元気いっぱいで、自信をもって本場所にのぞみながら、どうしても勝てないという場合もあるのです。相撲のむずかしいところです。要するに「波」があるのです。こういうとき——すなわち、いわゆる「波」の低いとき、力士

普段の努力が本場所へとつながる。
若い衆に胸を出すのも大事な稽古だ

のなかには、その苦しい試練に堪えかね、気を腐《くさ》らして自分の力に見切りをつけ、前途を断念してしまって、落伍者となり終わるものも出てこないとはいえません。こういう場合には、力士たるものは、あらゆる心身の力を凝集して、これを突破する工夫こそ大切です。この工夫に成功してスランプを突破しえたときには、覚えず数段の進歩をとげているものです。ではどうしてこれを突破することができるのか――この辺の消息はちょっと言葉では表現しにくいのです。だが強いていえば、「つづけて稽古する」――この一句に尽きましょう。懸命に稽古をする――稽古していてスランプになる――しかしこのスランプを切りぬける途《みち》も、やはり稽古の一道しかない。要は稽古に出でて稽古に帰るのです。もう一歩つっこんでいえば、そういう状態のうちにありながら、一心不乱に稽古をつづけてゆくことのできる「心の強さ」――それこそ問題の根本でありましょう。

地方巡業は非常にいそがしい生活ですが、慣れてくると、それもまた変化に富んでいて、たいへん楽しみなものです。たまたま気に入ったからといって、一ヶ所にとどまることはできないわけですが、その反面にはさきの楽しみもあり、気が変わって面白いわけです。稽古も、いつも特定の場所に力士を集めてやっただけでは、かならずしも効果は上がらないようです。戦時中、地方巡業のできなくなったとき、わたしは若いものを太宰府の道場で稽古をさせたのですが、気分の転換がとぼしいためか、どうも伸びがよくなかったように思います。やはり巡業しながらの稽古でないと、いわば「気分の固定」におそわれて、上達がおそいんだなと感じたことです。

敗戦のために国土が狭くなった関係上、「大場所」、「長期間」[*24]の方針を立て、それを実行しつつあるために、巡業の形も、以前とは多少変わってきています。それだけに地方巡業の期間は、このごろでは、以前に比べると、いくらか短縮されるようになりました。東京での三回の本場所（百二十日＝場所の前後を含めて要する日数）をのぞけば、あとはみないわゆる「地方巡業」に入るわけですが、しかし実質的には、きわめて短期間ずつの「地方回り」こそ、ほんとうの地方巡業といえましょう。そうするといま（昭和三十一年当時）では、東京の本場所三回のほかに、大阪本場所一回（四十日）、名古屋場所一回（二十日）、福岡場所一回（二十日）の三場所がありますから、以上の日数通計（二百日）を一ヶ年の日数から差し引いたものが、純粋の地方巡業期間にあたるわけです。それだけでもかなり長期にわたることは事実ですが、以前に比べると、それほどでもありません。

地方巡業中には、よほど気をつけていないと、生活環境が変わるためによるのか、力士は病気にかかりやすいものです。わたしも入門まもなくの昭和二年に、満州で脚気《かつけ》をわずらいましたが、それよりも困ったのは、昭和十三年に満鮮巡業につづいて北支に足をのばしたときのことです。あのときは軍の慰問を目的に出かけたのですが、運悪くアミーバ赤痢にやられ、すっかり衰弱してしまって相撲場に出かける以外は、ずっと旅館に寝たきりでした。それでも目的が目的であり、また「横綱」

といえば一つの看板みたいなものですから、休んでしまうというわけにもゆきません。そんなわけで、相撲は取らなかったものの、土俵入りだけはやりました。それも各部隊を慰問するわけですから、内地での場所とは違って、一日に五回も六回もやることがあり、ヘトヘトになってしまいました。はじめ野戦病院で診てもらったとき、

「とても無理だ！　どうする？」

といわれたのですが、

「せっかくやってきたのだから、最後までやりたい」

というわたしの答えに、軍医は「ちょっと待て」といって、なにか劇薬らしいものを、コップ一ぱい飲ませてくれました。それでとうとう、最後まで頑張ることができたのです。

しかしこの十日間は、文字どおりにフラフラの状態でした。あのときは満州で他の部屋の人々に分かれて、わたしどもだけが北支に回ったのですが、治安もあまり

よくないなかを、羽黒山や名寄岩《なよろいわ》等々といっしょに、張家口《ちょうかこう》、大同まで入りました。わたしとしては、後にも先にも経験したことのない苦しい巡業だったといえましょう。

力士と病臥

力士がいったん病気になると、その養生はなかなかむずかしいものです。ことにいまでは、以前は二回だった本場所が四回にもなって、本場所と本場所との間が短縮されるようになりました。それは病気養生の期間がずっとちぢまってきたことを意味するわけです。ところがその間には、さらに地方巡業という仕事が介在してくるのですから、病気になった力士は、いよいよもって難渋せざるをえない次第です。

いまものべましたように、わたしは北支巡業のときアミーバ赤痢にかかって難儀をし、帰国してから駆けこむようにして大阪の病院に入ったのですが、その入院中でも、外部からのいろいろな連絡は絶えたことがないのです。ことに横綱ともなれば、責任上どうしても、周囲の事情にひかされやすくなるものです。そんなことから、中途半端な養生でつい病院を出てしまって、不本意ながらも悪い結果を招く場合もないとはいえないのです。わたしもあのときは、不十分だと知ってはいながら、早めに退院して、すぐさま四国方面の巡業に出かけなければならなかったわけです。こういうさい、主催者側としてみれば、事情はよくわかってはいるのですが、前々から宣伝はしているし、横綱が出場不可能となれば地方のファンが承知しないわけです。主催者としては、

「なんとかして出てもらえないか」

といってせびりにくるのも当然至極です。わたしの場合でも、

「ぜひ土俵入りだけでも！」

と要望され、「大体よかろう」というので出かけたのですが、なにしろ体が衰弱しきっているのですから、まったくのフラフラで、めまいを感じたことも一再ではありません。すると今度は、

「土俵入りが無理なら、挨拶だけでも！」

というわけで、無理にも顔を出さねばならない始末でした。こんな次第で、力士の養生はどうしても不十分に終わらざるをえないのです。

要するに、周囲の人情にひかれて、十分な養生の暇をもちえないのが、病気になった力士の実情です。したがって、協会もこういうさいには、この辺の事情をよく参酌《しんしゃく》し、十分に力士の病状を察してやって、悪いあいだはなるべく心おきなく養生できるよう努力するようにありたいと思います。お互いの立場が苦しくなるために、つい無理をしては、そこによくない結果も生ずるのです。いろいろな事情はありましょうが、病気のときには十分に養生をさせ、なおればまた一所懸命努力するよう、周囲からもつとめて仕向けるべきだと信じます。

力士と家庭

世の中の女性には、大きく分けると、二つの類型があるようです。それは強いて名をつければ、「社交婦人型」と「世話女房型」ということになりましょう。わたしは頭が古いのかもしれませんが、後者のタイプを好ましく思います。ことに力士の妻ともなれば、主人の不在が多いのですから、留守中も安心して、すべてを任せてやってもらえるような女性でなければ困るわけです。

わたしは子どものころに、母性愛の体験が少ない人間です。十歳のときに母に死に別れて、はっきりした記憶もないくらいで、残されている写真などによって頭のなかにある型を描き、

「こうでもあったろうか」

と、わずかにその面影を偲ぶばかりです。そのためか、子どものころから、世の中の母親たちが、自分の子どもをあれこれと懇《ねんご》ろにあつかっている姿をみると、

「ああまでせんでも、よかりそうなものだ」

と、一種の「ひがみ」というか、「ねたみ」というか、そういった感じを体験したものです。母を早くに亡くしたので、なにかしら心の奥に「母なき子」のさびしさ

が潜んでいたことは争えません。それだけに、わたしは自分の対象としての女性をみる場合でも、いずれかといえば、そういう心の空虚をうめてくれる女性——母性愛的な女性——こちらから甘えてゆけるような女性にあこがれたといってもよいでしょう。

わたしどもは、地方巡業の関係で東京にいることがきわめて少なく、以前ほどではないにしても、家族にさびしい思いをさせるのは、いつものことです。たまに本場所のために東京に帰ってきても、もう地方から連絡の人々がきて、半年あるいは、それ以上もさきの巡業プランが話題にのぼるといった調子で、家内などたまたま側できいていても、とても落ちつけないような様子です。それでも、こんな生活をつづけているために、いつも新婚のような気分で、「倦怠期」というものを経験したことはありません。これは力士独特の夫婦生活の「醍醐味」とでもいうことができましょうか。

子どもは、長子をなくして、いまは小学六年の男の子と、小学一年の女の子と、

昭和十四年に挙式

この二人きりです。このごろではすっかり大きくなったので、そんなこともないわけですが、子どもたちの幼いころには、たまに家へ帰っても、かれらは父親の顔をすっかり忘れていて、どこのだれだか見当がつかず、父と子がなじみきるまでには、いくらかの日がかかったものです。こういうときには、さすがに心さびしい思いでした。

考えてみれば、子どももかわいそうだし、こちらもかわいそうです。だからたまに家に帰ったときなど、子どもたちにはなるべく小言をいいたくない気持ちです。それだけに父親としては、子どもに甘くなりやすいのではないでしょうか。子どもは父親の厳しい一面を知らずに成長することが多いわけです。

旅先にいると、子どもたちはよく手紙をくれますし、わたしも手紙を書くのですが、これはやはり巡業中の心の「うるおい」の一つです。夏休みなどに、たまたま名勝旧跡の近くで巡業でもしておれば、子どもたちをよびよせて見物させることもあるのですが、こういう機会にはそうたびたびめぐりあうわけでもありません。

地方巡業から帰ってきても、すぐ本場所です。本場所ともなれば、家庭の気分もにわかにちがってくるものです。家内はもちろん子どもたちにいたるまで、なにかと気をつかうような実情です。わたしなど、いまでは相撲は取らないわけですが、それでも知らずしらずのうちに気むずかしくなるのです。場所の勝負についても、家族たちはなかなか心配するものです。主人の勝負ばかりではありません、若いものたちの勝負にも気をもむのです。あまり神経がたかぶって、ラジオの放送もよくきかないくらいです。

＊19〔直径十五尺〕　俵で境界をつけた、相撲競技場である土俵の大きさ（約四・五五メートル。内径）。現在の土俵は昭和六年から。それ以前は江戸時代から長年つづいた十三尺（約三・九四メートル）。昭和二十年十一月（秋場所）の一場所だけ一尺広がった十六尺土俵（進駐軍慰安相撲のためにつくられた）で行われた。

＊20〔節会相撲〕　奈良時代より平安末期まで毎年七月に行われた相撲の宮中行事。天皇が相撲を観覧し、群臣とともに宴を催した。現在の大相撲の原型。

＊21〔武家相撲〕　武家によってたしなまれた相撲のこと。保元・平治の乱以降武士階級が台頭し、相撲が武技として位置づけられるようになった。

＊22［組打］組み合って争うこと。とっくみあうこと。
＊23［勧進相撲］寺社の建立、修理のために寄付を募るのが本来の勧進の意味で、最初はそのために寺社奉行から許可を受けての専門力士による相撲興行だった。しだいに名目だけとなったが、この形式を活かしたまま、古式床しいお膳立てを調え、相撲技も磨いて、営利的な興行として発展したのが江戸時代の大相撲である。番付中央の最上段に「蒙御免（ごめんこうむる）」とあるのは、まさに勧進相撲の名残。
＊24［「大場所」・「長期間」］俗に本場所を行う大都市以外の比較的大きな都市で行われ、二日間以上にわたる巡業。

第八章　交わりの世界

わたしが、安岡正篤《まさひろ》先生にお近づきになりましたのは、神戸の友人中谷清一氏の引き合わせによるものでした。

中谷清一氏のお父さんは証券業者で、神戸の商工会議所の会頭までされた、あちらではかなり著名な実業家でありましたが、かねて父子ともに安岡先生への熱心な傾倒者で、そんなところから、先生とわたしとのご縁も結ばれたわけです。

東京で先生にはじめてお目にかかったのは、たしかわたしの大関時代であったかと思います。先生にはそれからしばしばお会いする機会があり、そのたびごとにいろいろなお話を承ったわけですが、もともと学校らしい学校にもいっていないわたしとしては、先生のようなすぐれた方に親炙《しんしゃ》する機会にめぐまれましたことは、このうえもなくありがたいことで、わたしはそういうさいには、含蓄の深い先生のお話に、つとめて耳をかたむけるよう心がけてきました。ご自身がそれを意識しておられたかどうかはわかりませんが、先生もわたしのために、なにくれとなく、よいお話をしてくだされ、酒席でのそれでも、なんとなく体にしみいるような感じでありました。先生のお話によって、人間として、力士としての心構えのうえに影響をこうむったことは少なくなく、心の悩みもおのずから開けてゆく思いを禁じえなかったのです。

先生にうかがったお話のなかに、中国の『荘子《そうし》』や『列子《れつし》』などという古典に出てくる寓話「木鶏《もつけい》の話」というのがあって、それは修行中のわたしの魂に強く印象づけられたものですが、承ったその話というのは、だいたいつぎのような物語なのです。

「そのむかし、闘鶏飼いの名人に紀渻子《きせいし》という男があったが、あるとき、さる王に頼まれて、その鶏を飼うことになった。十日ほどして王が、

〝もう使えるか〟

ときくと、かれは、

〝空威張《からいばり》の最中で駄目です〞

という。さらに十日もたって督促すると、かれは、

〝まだ駄目です、敵の声や姿に昂奮します〞

と答える。それからまた十日すぎて、三たびめの催促を受けたが、かれは、

〝まだまだ駄目です、敵をみると何を此奴《こやつ》がと見下すところがあります〞

といって、容易に頭をたてに振らない。それからさらに十日たって、かれはようやく、つぎのように告げて、王の鶏が闘鶏として完成の域に達したことを肯定したというのである。

〝どうにかよろしい。いかなる敵にも無心です。ちょっとみると、木鶏（木でつくった鶏）のようです。徳が充実しました。まさに天下無敵です〞」

これはかねて勝負の世界に生きるわたしにとっては、実に得がたい教訓でありました。わたしも心ひそかに、この物語にある「木鶏」のようにありたい――その境

地にいくらかでも近づきたいと心がけましたが、それはわたしどもにとって、実に容易ならぬことで、ついに「木鶏」の域にいたることができず、まことにお恥ずかしいかぎりです。

安岡正篤先生から、わたしの現役時代に、つぎのようなご自作の漢詩二つを、相前後して頂戴したことがあります。過褒《かほう》あたらず、衷心《ちゅうしん》より恐縮にたえなかった次第ですが、これというのも偏《ひとえ》に、わたしの志を鞭撻しようとの思召《おぼしめし》から出ずるもので、今日なお感激の念《おも》いを禁じえないところです。

万千鑽仰独深沈　　万千の鑽仰ひとり深沈
柳緑花紅未惹心　　柳緑花紅いまだ心を惹かず
胸裏更無存他意　　胸裏さらに他意の存するなし
一腔熱血報知音　　一腔の熱血知音に報ず

百戦勝来猶未奇
如今喜得木雞姿
誰知千喚万呼裡
独想悠々濯足時

百戦勝ち来《きた》ってなほ未だ奇とせず
如今《じょこん》喜び得たり木雞の姿
誰か知らん千喚万呼《せんかんばんこ》の裡《うち》
独り想ふ悠々足を濯《あら》ふの時

わたしが昭和十四年の一月場所で安藝ノ海に敗れましたとき、酒井忠正氏と一夕をともにする機会にめぐまれ、北海道巡業中にとった十六ミリ映画をお目にかけたりなどして、静かなひとときを過ごすことができました。氏はその夜のわたしを、「明鏡止水、淡々たる態度をみせた……」（酒井忠正氏著『相撲随筆』）云々と形容しておられますけれども、当のわたしにしてみれば、なかなかもってそれどころではありません。「木鶏」たらんと努力してきたことは事実だとしても、現実には容易に「木鶏」たりえない自分であることを、自証せざるをえなかったのです。かねてわたしの友人であり、また安岡先生の門下である神戸の中谷清一氏や四国の竹葉秀雄氏*25

にあてて、

「イマダ　モッケイタリエズ　フタバ」

と打電しましたのは、当時のわたしの偽りない心情の告白でありました。わたしのこの電報はただちに中谷氏によって取り次がれたものとみえて、外遊途上にあられた安岡先生のお手もとにも届いた由、船のボーイは電文の意味がよく呑みこめないので、

「誤りがあるのではないだろうか」

と訝《いぶか》りながら、先生にお届けしたところ、先生は一読して、

「いや、これでよい」

といって肯《うなず》かれたということを、あとになって伝えきいたような次第です。

のちにわたしが「双葉山道場」を創設しましたとき、安岡先生は、吉田松陰の『士規七則』にあやかって、わたしどものために、『力士規七則』なるものをつくっ

てくださいました。先生は、
『土規七則』に恥じないものをつくるんだ」
といって微笑んでいられましたが、戴いたものを拝読すると、内容、格調ともに
すぐれた文章で、それはつぎのように記されてありました。

力士規七則

一、我等幸に万物の霊長たる人間と生れ、万邦《ばんぽう》無比の皇国に臣民たり。敬《つつし》んで臣子の本分を全うすべし。
二、相撲は国技なり。国史と共に生成し、国運と共に消長す。力士たる者当《まさ》に日本精神を体現し、風俗の醇《じゅん》美を粋養すべし。
三、力士の大成は最も師友の切瑳琢磨に待つ。深く師恩友益を念《おも》うて、報謝の志を忘るべからず。

四、斯《こ》の道は須臾《しゆゆ》も懈怠《けたい》あるべからず。由来光陰は過ぎ易く、人生は老い易し。須《すべか》らく時に及んで勉励すべし。

五、人にして礼節なきは禽獣《きんじゆう》に侔《ひと》し。力士は古来礼節を以て聞ゆ。謹んで斯の道の美徳を失ふこと勿れ。

六、力士は質実剛健を旨とし、軽佻浮華を忌む。宜しく卓然として時流に拘らず、堂々たる風格を発揮すべし。

七、居常《きよじよう》健康に留意し、酒色を慎み、澹泊《たんぱく》身を持し、荒怠《こうたい》相戒め、以て長く大成せんことを期すべし。

先生をわずらわして親しく板額に揮毫《きごう》していただき、それを道場にかかげました。わたしども一同は毎朝これを朗誦して、それからいかにも清々《すがすが》しい気分で稽古にとりかかったものです。それは言わず語らずのうちに、わたしどもの心構えに深く影響するところがあったと信じます。

只今の横綱審査会長酒井忠正氏は、安岡正篤先生が学監をしておられた金鶏学院の院長であられましたが、有名な相撲通であられるだけに、安岡先生よりはずっと早くから、おそらくはわたしがこの道に入って間もなくのころから、わたしの動きに注意しておられたようです。それが安岡先生との関係もあって、いよいよ因縁が深くなり、今日までずっと格別のご厚誼をいただいています。氏は絵もよくされるところから、わたしが横綱になったときには、その化粧廻しを描いてくださったのですが、昭和十四年一月場所敗戦の夕には、わたしの心中を推しはかって、それとなく慰めかつ励ましてくださったことなど、別のところでも触れたとおりで、いまなお感激にたえない思いです。

氏は、名にし負う相撲研究家であられますから、お宅にはたくさんの資料があり、これまで相撲に関する書物も著しておられます。わたしはときどきお宅にもうかがって、貴重な相撲資料をみせていただいたり、相撲に関するお話を拝聴したりしたものです。氏は、国技館内に相撲博物館ができるとき、秘蔵の資料を全部寄贈されることになって、協会としては氏に初代の博物館長となっていただいた次第です。

心の友

中谷清一氏は、わたしより五、六歳も年長の友人ですが、贔屓客とか相撲ファンとかいうよりは、わたしにとってはむしろ、「心の友」とでもいうべき人でした。わたしに出会うまでは、どちらかといえば、相撲はあまりみられなかったほうではないかと思います。はじめて会ったのは、おそらく昭和九年ころではなかったでしょうか。

「僕は君の〝人間〟が好きなんだ」

といってくれました。なにしろ安岡正篤先生の求道上の門下生でしたから、読書ずきな学者タイプの人物で、商家の子息のような感じは受けなかったものです。

四国は宇和島郊外の竹葉秀雄氏も、同じく安岡先生のお弟子さんで、中谷清一氏の親友でありました。そんな関係で、わたしもずっとお付き合いをつづけています。

あちらで塾など開いて子弟の教育にたずさわっておられましたが、地方巡業のさい、そのお宅へうかがったこともしばしばです。

この人たちは、いまものべましたように、安岡先生のお弟子さんとして勉強し修養していた好学者で、はじめからの相撲ファンではなかったようです。むしろ逆に、わたしと相交わるようになってから、相撲が好きになられたのだと思われます。それだけに普通の相撲ファンとはちがった独特の見かたをもっていました。いわば「精神的」な角度からの鑑賞だったということができましょう。わたしの相撲をみては、

「われわれも、うっかりしてはおれん」

などといったものです。わたしもこんな言葉に接すると、覚えずあの人たちの「人生への誠実さ」に触れることができて、うれしくもあり、刺激も受けた次第です。

わたしは、普通の相撲ファンとはおよそ類を異にした好学求道のこういう人々と親しくお付き合いすることができて、どんなに幸福であったかしれません。あの人

各界の著名人と交流があった。
料亭でのおおらかな笑顔

たちと会い、あの人たちと語ることによって、知らずしらずのあいだに、自分の気持ちをととのえることができました。そしてそのことが、いつの間にかわたしの土俵生活のうえにも、深い影響を及ぼしたことは疑いがありません。人生もたまほしきものは良友だと思います。[*26]

竹葉氏は現在も健在ですが、中谷氏はずっと病弱で静養中です。この点はお気の毒にたえないとともに、わたしとしても心さびしいかぎりです。

六代目の手紙

六代目尾上菊五郎丈も、わたしの親しくお付き合いいただいた方の一人です。六代目はもともと相撲が好きで、真砂石《まさごいわ》などを贔屓にしておられたようですが、たまたまわたしが昭和十四年の一月場所で安藝ノ海に敗れたとき、六代目は心のこもった手紙を寄せられ、それがその後の交わりのきっかけとなったわけです。その手紙というのは、

「勝負の世界は厳しいものだ。今度のようなときこそ、その人の心境がよくわかる。ぜひお会いしたい」

といった主旨のものでありました。そこで招かれるままに、歌舞伎座に出向いてお目にかかったのです。そのとき六代目は、

「力士としてではなく、人間として、友だちとして付き合いたい」

といいました。時期が時期だけに、わたしも六代目の真情と厚誼に深く感激したものです。わたしはあの人を「寺島さん」とよび、あの人もわたしを「稀吉君」とよんで、お互いに職業意識をはなれて交わりをつづけました。わたしも先方へよくうかがいましたが、六代目もしばしばわたしの家へやってきたものです。

六代目は、

「踊りも相撲も同じことで、いちばん大切なのは腰だ」

といっていましたが、たしかに至言だと思います。聞くところによりますと、あの人は弟子のしつけにはなかなか厳格で、踊りなども裸でやらせたという話です。

女形でも、裸でやってみて、「女らしさ」が滲み出るようでなくては本物じゃないという見識をもっていたようです。こうした厳しさがあったればこそ、あれだけの芸域を拓くこともできたのでありましょう。

親戚以上

『実業之世界』や『帝都日々新聞』の社長であった野依《のより》秀市先生は、わたしにとっては同郷の先輩にあたる方で、若い時分からずいぶんとお世話になりました。先生は古くから相撲がお好きで、後援にも精を出されたようです。常陸山時代からいろいろな贔屓力士をもっておられたが、当時はだいたい出羽ノ海部屋の人々に関心をもっておられたという話です。

わたしがはじめてお目にかかったのは、たしか入幕当時と記憶していますが、かねて先生が贔屓にしておられた武蔵山関から、わたしが先生と同じく大分県中津の出身であることを伝えきかれて、

「ではひとつ会ってみよう」

ということになったもので、もとを正せば、武蔵山関の紹介でわたしは先生の知遇を受けることになったわけです。先生ははじめてお会いしたとき、

「贔屓客としてではなく、友人として付き合ってくれ」

といわれたのですが、その言葉がいまだに印象に残っています。

なにしろ相撲好きな先生のことですから、本場所がはじまると毎日顔を出されましたが、どちらかといえば相撲の気分がお好きで、あの雰囲気を心から楽しんでおられるようでした。したがって長年のあいだ相撲をみていても、いわゆる「手」などは一向にご存じないほうで、たとえば「上手投げ」とか「下手投げ」とかいっても、いまでも、それについての正確な知識はもっていられないかもしれません。あれほど花柳界に出入りした方ですが、唄ひとつ覚えようとはされぬ型の人でした。

わたしも、先生のそうした気性がなんとなく好きで、場所中は毎晩のようにお誘いを受けて、先生と夕食をともにしたものです。夕食をすますと、かならずわたしを

部屋まで見送り、わたしが寝につくのを見届けてから帰宅されるといった徹底ぶりでした。

先生はもう七十歳にも達せられたかと思います。いまなお親戚同様の、いな親戚以上のお付き合いをつづけています。

故三宅雪嶺《せつれい》＊27先生に親炙《しんしゃ》するようになりましたのも、野依先生のご紹介によるものです。地方から本場所に帰ってくると、かならず一度は代々木初台のお宅へご挨拶にあがりました。先生にお会いしていると、なんだか吃るような訥々《とつとつ》としたお話しぶりで、あれがいわゆる「訥弁の雄弁」だったのでありましょう。なにしろご老齢の偉大な碩学《せきがく》です。相対していると、なんとなくお祖父さんの大きな懐にいだかれるような感じがしたものです。

ブロンズの像

朝倉文夫先生[*28]は一家をあげての相撲ファンであられましたから、場所へもよくこられたものですが、先生がわたしと同郷の先輩にあたる関係もあって、わたしはとくに可愛がっていただきました。そんなことから先生は、部屋の稽古にもしばしば顔を出され、わたしもまたよくお宅へうかがって、いろいろとお話を拝聴したものです。先生はたいへん重厚、温和なお人柄ですが、なかなかの話好きで、それに非常な勉強家であられますから、話題もいたって豊富でした。いったん話がはずみだすと、容易にお暇《いとま》できなかったこともあるくらいです。

先生は、相撲をみる場合でも、いつも芸術家ないし彫刻家の眼で鑑賞されたものですが、各力士の体の特徴なども、そういう角度から細かく観察して批評をくだされたものです。先生はつねに臍を中心として人間の体を考えられ、力士のなかには、脚が長くて上体の短いもの、胴が長くて脚の短いもの等々いろいろあるが、胴が長ければ重心が下がってくるわけだから、力士としてはそのほうがよいのではないかというご意見でありました。

わたしが横綱になったころ、先生はわたしの像をつくって贈ろうと発意されました。そこでわたしは二、三回も先生のアトリエにお邪魔して、あるいはモデルになったり、あるいは写真をとったりして、いよいよ制作にかかられたわけですが、なかなか完成にはいたらず、いよいよできあがるまでには、ざっと三年もかかったかと思います。というのは、ほかでもないのです。

わたしがアトリエにうかがい、廻しをしめてモデルになると、先生は制作にかかられます。ところがその間にたまたま場所がはじまると、先生はきっとやってこられたのですが、像の制作進行中であるだけに、先生の観察眼はとくに光ったにちがいありません。場所でのわたしの土俵入りの姿をみていると、アトリエでの感じとはまるでちがう——これではいかん——場所での感じそのままを打ち出さなければならぬ——アトリエでやっていると、どうも「青年双葉山」ができあがってしまう――「横綱双葉山」を如実に表現するには、どうしても場所の土俵でのあの感じを出さなくてはならぬというわけで、大いに苦心されたようです。わたしは先生の過分のお心づかいに感激するとともに、芸術家としての真剣、誠実な制作態度というものに、深く心を動かされた次第です。

近年、奥さんが亡くなられてから、先生は非常に力を落とされ、場所へも前ほどはみえなくなりました。お気の毒にたえない思いです。

漢方薬

わたしが北支巡業中にアミーバ赤痢にかかって体をこわし、その後の場所の成績もよくなかったとき、横山大観[*29]先生はわたしのために非常に心配されて、

「自分もそれに苦しんだ経験があるから」

というので、ある漢方薬をもって来訪され、

「これはよく効く薬だから、のんでみるがいい」

とすすめてくださいました。それが先生との交わりの端緒なのです。

先生は、郷里を同じうされた関係から、かねて常陸山とご懇意で、あのころはよく相撲をみにこられ、また常陸山の部屋にもしばしば遊びにゆかれたようですが、わたしどもの時代には、あまりおいでにならなかった覚えです。ただわたしにたいしては、

「病気のために、あんたを負かしたくない」

と申され、しきりにわたしの健康を案じてくださったわけです。当時のご懇情はいまなお忘れることができません。それからわたしは、先生のお宅にお邪魔するようになり、また先生もわたしの宅へきていただくようになって、ずっとご厚誼を蒙《こうむ》っています。

＊25［竹葉秀雄］明治35年−昭和51年。愛媛県教育委員長。安岡正篤に感銘を受け、東京の金鶏学院で学んだ。

＊26［もたまほしき］持ってもらいたいの意。戦前の国語教科書に掲載されるなどして、人々に知られていた明治天皇の歌に「さしのぼる朝日のごとく爽やかにもたまほしきは心なりけり」がある。

＊27［三宅雪嶺］万延元年−昭和20年。石川県金沢市出身。哲学者、評論家。

＊28［朝倉文夫］明治16年−昭和39年。大分県出身。彫刻家。娘は舞台美術家・画家の朝倉摂と、彫刻家の朝倉響子。

＊29［横山大観］明治元年−昭和33年。茨城県水戸市出身。日本画家。

双葉山は昭和四十三年十二月十六日、死去。
東京・日暮里の善性寺に眠る

歴代横綱一覧

代数	力士名	生年	横綱免許・推挙年月	年齢
1	明石 志賀之助	(伝説)	(横綱制度なし)	
2	綾川 五郎次	(享保の三役力士)	(横綱制度なし)	
3	丸山 権太左衛門	正徳3年(1713)	(横綱制度なし)	
4	谷風 梶之助	寛延3年(1750)	寛政元年(1789)11月	39
5	小野川 喜三郎	宝暦8年(1758)	寛政元年(1789)11月	30
6	阿武松 緑之助	寛政3年(1791)	文政11年(1828)2月	37
7	稲妻 雷五郎	享和2年(1802)	文政13年(1830)9月	28
8	不知火 諾右衛門	享和元年(1801)	天保11年(1840)11月	39
9	秀ノ山 雷五郎	文化5年(1808)	弘化2年(1845)9月	37
10	雲龍 久吉	文政5年(1822)	文久元年(1861)9月	38
11	不知火 光右衛門	文政8年(1825)	文久3年(1863)11月	38
12	陣幕 久五郎	文政12年(1829)	慶応3年(1867)10月	38
13	鬼面山 谷五郎	文政9年(1826)	明治2年(1869)2月	42
14	境川 浪右衛門	天保12年(1841)	明治9年(1876)12月	35
15	梅ヶ谷 藤太郎①	弘化2年(1845)	明治17年(1884)2月	39
16	西ノ海 嘉治郎①	安政2年(1855)	明治23年(1890)3月	35
17	小錦 八十吉	慶応2年(1866)	明治29年(1896)3月	29
18	大砲 万右衛門	明治2年(1869)	明治34年(1901)4月	31
19	常陸山 谷右衛門	明治7年(1874)	明治36年(1903)6月	29
20	梅ヶ谷 藤太郎②	明治11年(1878)	明治36年(1903)6月	24
21	若島 権四郎*	明治9年(1876)	明治38年(1905)1月	28
22	太刀山 峰右衛門	明治10年(1877)	明治44年(1911)5月	33
23	大木戸 森右衛門*	明治9年(1876)	大正元年(1912)12月	36
24	鳳 谷五郎	明治20年(1887)	大正4年(1915)2月	27
25	西ノ海 嘉治郎②	明治13年(1880)	大正5年(1916)2月	36
26	大錦 卯一郎	明治24年(1891)	大正6年(1917)3月	25
27	栃木山 守也	明治25年(1892)	大正7年(1918)2月	26
28	大錦 大五朗*	明治16年(1883)	大正7年(1918)4月	35
29	宮城山 福松*	明治28年(1895)	大正11年(1922)4月	27
30	西ノ海 嘉治郎③	明治23年(1890)	大正12年(1923)2月	32
31	常ノ花 寛市	明治29年(1896)	大正13年(1924)3月	27
32	玉錦 三右衛門	明治36年(1903)	昭和7年(1932)10月	28
33	武蔵山 武	明治42年(1909)	昭和10年(1935)6月	25
34	男女ノ川 登三	明治36年(1903)	昭和11年(1936)2月	32
35	双葉山 定次	明治45年(1912)	昭和12年(1937)5月	25

代数	力士名	生年	横綱免許・推挙年月	年齢
36	羽黒山 政司	大正3年(1914)	昭和16年(1941)6月	26
37	安藝ノ海 節男	大正3年(1914)	昭和17年(1942)6月	28
38	照国 万蔵	大正8年(1919)	昭和17年(1942)6月	23
39	前田山 英五郎	大正3年(1914)	昭和22年(1947)6月	33
40	東富士 欽壱	大正10年(1921)	昭和23年(1948)10月	27
41	千代の山 雅信	大正15年(1926)	昭和26年(1951)5月	24
42	鏡里 喜代治	大正12年(1923)	昭和28年(1953)1月	29
43	吉葉山 潤之輔	大正9年(1920)	昭和29年(1954)1月	33
44	栃錦 清隆	大正14年(1925)	昭和29年(1954)10月	29
45	若乃花 幹士①	昭和3年(1928)	昭和33年(1958)1月	29
46	朝潮 太郎	昭和4年(1929)	昭和34年(1959)3月	29
47	柏戸 剛	昭和13年(1938)	昭和36年(1961)9月	22
48	大鵬 幸喜	昭和15年(1940)	昭和36年(1961)9月	21
49	栃ノ海 晃嘉	昭和13年(1938)	昭和39年(1964)1月	25
50	佐田の山 晋松	昭和13年(1938)	昭和40年(1965)1月	26
51	玉の海 正洋	昭和19年(1944)	昭和45年(1970)1月	25
52	北の富士 勝昭	昭和17年(1942)	昭和45年(1970)1月	27
53	琴桜 傑将	昭和15年(1940)	昭和48年(1973)1月	32
54	輪島 大士	昭和23年(1948)	昭和48年(1973)5月	25
55	北の湖 敏満	昭和28年(1953)	昭和49年(1974)7月	21
56	若乃花 幹士②	昭和28年(1953)	昭和53年(1978)5月	25
57	三重ノ海 剛司	昭和23年(1948)	昭和54年(1979)7月	31
58	千代の富士 貢	昭和30年(1955)	昭和56年(1981)7月	26
59	隆の里 俊英	昭和27年(1952)	昭和58年(1983)7月	30
60	双羽黒 光司	昭和38年(1963)	昭和61年(1986)7月	22
61	北勝海 信芳	昭和38年(1963)	昭和62年(1987)5月	23
62	大乃国 康	昭和37年(1962)	昭和62年(1987)9月	24
63	旭富士 正也	昭和35年(1960)	平成2年(1990)7月	30
64	曙 太郎	昭和44年(1969)	平成5年(1993)1月	23
65	貴乃花 光司	昭和47年(1972)	平成6年(1994)11月	22
66	若乃花 勝③	昭和46年(1971)	平成10年(1998)5月	27
67	武蔵丸 光洋	昭和46年(1971)	平成11年(1999)5月	28
68	朝青龍 明徳	昭和55年(1980)	平成15年(2003)1月	22
69	白鵬 翔	昭和60年(1985)	平成19年(2007)5月	22

①②③＝同名の代数　＊＝大阪横綱　年齢＝満表記に統一
横綱免許年月(谷風から東富士まで)＝それ以後の推挙年月と同様に列記

本作品は1979年6月、小社より刊行された『相撲求道録』を
新書収録にあたり、加筆、改筆したものです。

双葉山　Futabayama

第35代横綱。本名：穐吉定次（あきよし・さだじ）。1912年2月9日生まれ。大分県宇佐市出身。27年初土俵。31年新十両、翌年入幕。36年5月初優勝し、場所後大関へ。37年5月場所後横綱に昇進。36年1月場所から39年1月場所まで不滅の69連勝（この間5場所連続全勝優勝。年2場所〈1場所11日・13日制〉時代）。国民的英雄となり「双葉の前に双葉なく、双葉の後に双葉なし」と謳われた。41年許されて現役中に双葉山道場を開設。45年引退、年寄時津風を襲名。57年相撲協会理事長に就任、数々の改革を断行、協会運営に尽力した。68年12月16日、劇症肝炎のため死去、享年56歳。

横綱の品格

2008年2月15日　第1版第1刷発行

著者　双葉山（時津風定次）
発行人　池田哲雄
発行所　株式会社ベースボール・マガジン社
〒101-8381　東京都千代田区三崎町3-10-10
電話　03-3238-0181（販売部）
　　　03-3238-0285（出版部）
振替口座　00180-6-46620
http://www.sportsclick.jp/

装丁　木村裕治　金田一亜弥（木村デザイン事務所）
本文製版　株式会社吉田写真製版所
印刷・製本　大日本印刷株式会社

ISBN978-4-583-10075-3 C0275

ベースボール・マガジン社新書